# Einkochen

Birgit Müller

# Einkochen

## Lebensmittel
## natürlich konservieren

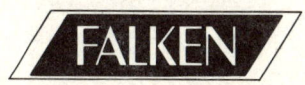

Im FALKEN Verlag sind zahlreiche Kochbücher mit schmackhaften und appetitlich fotografierten Rezepten erschienen.
Fragen Sie Ihren Buchhändler.

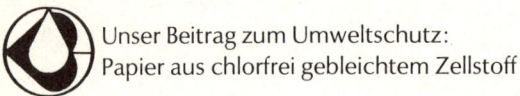

Unser Beitrag zum Umweltschutz:
Papier aus chlorfrei gebleichtem Zellstoff

ISBN 3 8068 0405 2

© 1993 by Falken-Verlag GmbH, 6272 Niedernhausen/Ts.
Umschlaggestaltung: Zembsch' Werkstatt, München
Titelfoto: TLC-Foto-Studio GmbH, Bocholt
Texte wurden teilweise dem bisherigen WECK-Einkochbuch entnommen.
Satz: LibroSatz, Kriftel bei Frankfurt
Druck: Neuwieder Verlagsgesellschaft mbH, Neuwied

20040577X161 514 131 2

# Inhalt

# Einkochen nach allen Regeln der Kunst

Der mit dem Einmachen vertrauten Hausfrau wird dieses Büchlein zur Verfeinerung ihrer bisherigen Kochkünste dienen. Es will aber auch Frauen und Männer ansprechen, denen die *Kunst* des Einmachens etwas Fremdes oder Fremdgewordenes ist.

Der Fortschritt, den die Zivilisation für die Frau anzubieten hat, scheint mitunter darin zu bestehen, daß ihr in der Küche immer mehr Arbeit abgenommen wird. Es heißt, die vollautomatisierte Küche mache die Frau unabhängiger, weshalb sie sich um wichtigere Dinge kümmern könne. Dabei wird über dem Glanz der Geräte leicht die Tatsache vergessen, daß dieser Lebensstandard oft wieder mit dem Preis der Gesundheit und anderer Arbeit bezahlt werden muß.

Viele Frauen und Männer, die selbst kochen, entgehen jedoch nicht dem immer hektischer werdenden Betrieb in beiden Bereichen: im Haushalt und am Arbeitsplatz. Die rationalisierten Arbeitsgänge werden zeitlich immer kürzer, aber sie häufen sich. Ständig schneller rotiert der Kreislauf verschiedenster Tätigkeiten, der ans Herz geht, aber nicht zufriedener macht.

Wer spürt nicht an sich selbst, wie Streß die Gesundheit angreift und wie diese unter den täglichen Belastungen zu wenig beachtet wird?

Erinnern wir uns nicht manchmal wehmutsvoll an die Zeit, in der Einmachgläser mit den verschiedensten Inhalten die Vorratskeller unserer Großmütter schmückten?

Verwirklichen nicht diejenigen, die aus den Städten fliehen, eine Art der Lebensmittelherstellung, die viele verloren haben, die aber für das häusliche Leben sehr viel bedeutet hat?

Wo immer die Gründe für das Einmachen liegen mögen; der Einmachkünstler weiß, daß Selbstgemachtes besser, gesünder und billiger ist.

Und außerdem: Selbstgemachtes schmeckt nicht nur gut, weil es von besserer Qualität ist, sondern weil es *selbst* gemacht ist.

# Die zum Einkochen notwendigen Geräte

Um rationell zu arbeiten, lohnt es sich, folgende Geräte anzuschaffen: Einkochgläser verschiedener Größen mit Deckeln, Gummiringen und Bügeln, einen Einkochtopf mit Thermometer, eventuell auch einen Schnellkochtopf, einen Dampfentsafter oder Saftpresse, Saftflaschen, Marmeladengläser, Steingutgefäße, Schaumlöffel und Schöpfkelle.

## Einkochgläser

Bei den Einkochgläsern kennen wir verschiedene Größen und Typen: *Rillen-, Massivrand-* und *Flachrandgläser* sowie *Sturzgläser.*
Beim Flachrandglas ist der geschliffene Rand sehr breit, dementsprechend auch der Gummiring.
Beim Rillenglas ist der Glasrand nicht geschliffen. Die Nut des Deckels greift in die Rille des Glasrandes. Das Glasunterteil des Massivrandglases hat einen geschliffenen Auflagenrand. Der Deckel greift über den Stehrand des Unterteils. Im Gegensatz zum Rillenglas liegt der Gummiring beim Massivrandglas glatt auf dem geschliffenen Rand auf.
Das Sturzglas verwendet man für Kuchen, Fleisch und Wurst. Diese Produkte lassen sich aufgrund ihrer festen Konsistenz gut stürzen.

## Gummiringe

Zu jedem Glastyp gibt es passende Gummiringe. Man sollte sie niemals hängend aufbewahren, sondern übereinanderliegend und möglichst trocken und luftig in einem offenen Karton. So verziehen sich die Gummiringe nicht, trocknen nicht aus und werden nicht brüchig.

## Universalbügel, Flachbügel und Federn

Der Vorteil des *Universalbügels,* der auf alle Glasarten und -größen paßt, liegt darin, daß man die Gläser bei einem Einkochvorgang übereinanderstellen kann.
*Federn* werden nur bei Einkochtöpfen mit einem Ständer benutzt. Man hakt die Federn an der Stange ein, schiebt sie nach unten und drückt sie fest auf das Glas. Die Gläser müssen bis zum vollständigen Auskühlen im Ständer

bleiben. Es ist deshalb zweckmäßig, mindestens zwei dieser Ständer zu besitzen.

*Flachbügel* gibt es in unterschiedlichen Größen. Sie eignen sich gut für das Sterilisieren im Dampfschnellkochtopf.

## Einkochtöpfe

Beim Kauf eines Einkochtopfes sollte man nicht nur an den Verwendungszweck denken, sondern auch die Kochstelle, auf der eingekocht wird, entsprechend berücksichtigen.

Für Elektroherde sind Einkochtöpfe mit verstärktem, plangepreßtem Boden zu empfehlen; für Gas- und Kohleherde solche mit normalem Boden. Sie werden meist in Email angeboten und sind mit einer Drahteinlage und einem Thermometer ausgestattet.

Es gibt auch Elektro-Einkochautomaten mit Thermostat, bei denen die Temperatur bis 100°C stufenlos regelbar ist.

Der Vorteil der Arbeitserleichterung ist groß, doch eine Anschaffung ist nur zu empfehlen, wenn häufig eingekocht wird.

*Schnellkochtöpfe* eignen sich für diejenigen, die gelegentlich einkochen wollen. Man spart nicht nur Zeit, sondern auch Energie.

In einen 5-Liter-Schnellkochtopf passen (bei Verwendung von Flachbügeln) 3 schlanke 1/2-Liter-Gläser.

## Einkochthermometer

Ein Einkochthermometer ist beim Einkochen unerläßlich, da die genaue Einhaltung der Hitzegrade wichtig ist. Sollte die rote Farbsäule an einer oder mehreren Stellen unterbrochen sein, ist das Thermometer unbrauchbar.

## Entsafter

Für kleinere Mengen Obst eignet sich die Handpresse, auch Haushaltspresse. Bei saftreichen Beeren zum Beispiel, die nacheinander reifen und deren Saft man zu Gelee weiterverarbeiten will, ist diese Art der Rohsaftgewinnung vorteilhaft.

Für Küchenmaschinen und Fleischwölfe sind Vorsatzgeräte erhältlich, die für die Saftgewinnung aus hartem und weichem Obst und Gemüse geeignet sind.

Bei der Verarbeitung von größeren Mengen lohnt sich ein elektrischer Entsafter. Bevorzugt verwendet man ihn bei Gemüse, da die Saftausbeute relativ hoch ist.

Die im Handel erhältlichen Dampfentsafter gibt es in verschiedenen Ausführungen. Neben dem Gerät mit den elektrischen Heizspiralen gibt es die Saftgewinner für Gas-, Elektro- und Kohlenherde. Vorteilhaft bei diesen Geräten ist, den Saft ohne nochmaliges Erhitzen direkt in die Flaschen abzufüllen.

Aber auch ohne die Anschaffung dieser Apparate kann man Saft gewinnen: Es werden benötigt: ein größerer Kochtopf, der bestimmt in jedem Haushalt vorhanden ist, ein Siebeinsatz aus Aluminium oder ein Safttuch, eine Auffangschale und ein Drahtrost.

Bevor man den Topf handbreit mit Wasser füllt, wird der Drahtrost auf den Topfboden gelegt und die Auffangschale daraufgestellt. Danach hängt man das Sieb oder das Safttuch ein, schließt den Topf und bringt das Wasser zum Kochen. Nach Beendigung dieses Kochvorgangs holt man Sieb oder Tuch heraus, nimmt die Schale mit dem Saft und erhitzt ihn nochmals kurz, bevor er in die Flaschen gefüllt wird.

## Saftflaschen und Süßmostkappen

Auch hier können die Anschaffungskosten gering gehalten werden, wenn man die Flaschen aufhebt, die von der Industrie für Soßen, Fruchtsäfte usw. angeboten werden und die sich das ganze Jahr über im Haushalt ansammeln. Die Twist-off-Schraubverschlüsse können nach einmaligem Auskochen wiederverwendet werden. Voraussetzung ist, daß sie nicht beschädigt sind.

Bei Verwendung von Saftflaschen benutzt man zum Verschließen die in allen Größen erhältlichen Süßmostkappen.

## Steingutgefäße

in allen Größen finden vorwiegend zum Einlegen Verwendung. Sie werden mit Einmach-Cellophan verschlossen.

# Dosen

werden im Haushalt immer weniger gebraucht, obwohl sie gewisse Vorteile gegenüber den Gläsern haben. Sie sind stoßunempfindlich und schützen den Inhalt vor Lichteinwirkung. Man kann Dosen schneller abkühlen und somit ein Nachgaren der Lebensmittel verhindern. Ebenso wie Gläser findet man auch Dosen in verschiedenen Größen im Handel. Für Obst und Gemüse sollten nur Weißblechdosen, die innen mit einer säurebeständigen Lackschicht und außen mit einer Zinnlackierung versehen sind, verwendet werden.

# Was beim Einkochen im Glas vor sich geht

**Dabei müssen sich zwei Voraussetzungen erfüllen:**

1. Das Verderben von Obst, Gemüse und Fleisch wird durch Bakterien und Gärungskeime verursacht, die sowohl in diesen Nahrungsmitteln selbst als auch in der Luft in großer Zahl vorhanden sind. Beim Einkochen kommt es nun darauf an, daß durch den Kochvorgang bzw. das Erhitzen alle diese Bakterien und Gärungskeime abgetötet werden, die im Einkochgut oder in der Luft innerhalb des Glases vorhanden sind.
2. Die Erhitzung bewirkt aber nicht nur die Abtötung der Fäulnisbakterien und Gärungskeime, sondern sie bewirkt gleichzeitig auch, daß sich die innerhalb des Glases befindliche Luft stark ausdehnt und dadurch zwischen Einkochring und Glasrand aus dem Glas hinausgedrückt wird. Die Federung des Verschlußbügels läßt das Entweichen der erhitzten Luft vom Glasinnern nach außen zu. Beim Erkalten des Glases zieht sich die im Glasoberteil noch verbliebene Luft, die sich durch die Erhitzung ausgedehnt hatte, nun wieder zusammen. Dadurch entsteht im Glasinnern ein fast luftleerer Raum (ein sog. Unterdruck). Und jetzt preßt der normale Druck der Außenluft den Deckel des Einkochglases mit großer Kraft auf das Glasunterteil bzw. den dazwischenliegenden Einkochring (Dichtungsring) und bewirkt dadurch den festen Verschluß des Glases, der das Eindringen neuer Bakterien und Gärungskeime von außen verhindert.

Der Zweck des Konservierens ist es, unsere Nahrungsmittel vor Verderb zu schützen. Dies sollte nach Möglichkeit unter Erhaltung aller Nährstoffe durch-

geführt werden. Voraussetzung dafür ist, das Geerntete oder Gekaufte schnellstmöglich zu verarbeiten.

Die Bedeutung des Konservierens liegt in der Möglichkeit einer gesunden und abwechslungsreichen Ernährung während des ganzen Jahres.

Die Ursachen für das Verderben von Nahrungsmitteln sind teils chemischer, teils biochemischer Art. Am chemischen Verderb ist wesentlich der Luftsauerstoff beteiligt. Der Verderb auf biochemischem Wege ist meist auf Mikroorganismen (Kleinstlebewesen) zurückzuführen, die dann das Schimmeln, Faulen und Gären verursachen. Bei »günstigen Lebensbedingungen« vermehren sich die Mikroorganismen rasch und stark. Sie haben außerdem die Fähigkeit, sehr widerstandsfähige Sporen und verschiedene Arten von Wirkstoffen oder Enzymen zu bilden.

Nach der Art der Vermehrung unterscheidet man Sproßpilze (Hefepilze), Spaltpilze (Bakterien) und Schimmelpilze.

1. **Gärungserreger,** die die Zersetzung stickstofffreier Substanz, besonders der Kohlenhydrate, bewirken.
2. **Fäulnisbakterien,** die die Zersetzung stickstoffhaltiger Substanz, insbesondere von Eiweiß, bewirken. Fäulnis ist eine Zersetzung bei beschränktem Luftzutritt, wobei vielfach übelriechende Gase, zum Beispiel Toxine bei der Zersetzung von Fleisch, Wurst, Pilzen, grünen Bohnen und Erbsen, entstehen.
3. **Schimmelpilze,** die Eiweißstoffe und Kohlenhydrate durch Einwirkung gewisser Fermente zersetzen. Sie bleiben im allgemeinen auf der Oberfläche der Nahrungsmittel und überziehen diese mit einem »Moosgeflecht«.

**Sämtliche Konservierungsmethoden haben zum Ziel:**

a)  Die Wirkung der Bakterien durch Entzug geeigneter Lebensbedingungen, beispielsweise Entzug von Wasser oder Wärme, herabzusetzen;
b)  die Kleinlebewesen zu vernichten;
c)  die Lebenstätigkeit der Bakterien durch eine ihnen feindliche Umgebung aufzuheben oder zumindest abzuschwächen;
d)  Hinzutritt von Bakterien zu verhindern.

# Die Bedeutung von Obst und Gemüse für unsere Ernährung

Obst und Gemüse schmecken nicht nur gut, sie sind auch unentbehrliche Nahrungsmittel, obwohl sie nicht zu den Grundnahrungsmitteln zählen. Eiweiß, Fett und Kohlenhydrate dienen zum Aufbau unseres Körpers, doch wir benötigen auch Vitamine, Mineralstoffe und Spurenelemente als Schutz- und Reglerstoffe.

Die Vitamine steigern u. a. die Spannkraft und die Widerstandsfähigkeit des Körpers gegen Infektionen. Die Mineralsalze wirken sich günstig auf den Stoffwechsel aus.

Das Obst ist neben dem Gemüse eine wichtige Vitamin- und Mineralstoffquelle. Beider Kaloriengehalt ist verhältnismäßig niedrig; gerade deshalb wird ihnen bei der richtigen Ernährung ein wichtiger Platz eingeräumt. Obst und Gemüse erzeugen ein Gefühl der Sättigung, ohne viel Kalorien zu liefern.

Das Obst kann zum Beispiel Teil einer Mahlzeit sein oder als Zwischenmahlzeit verzehrt werden. Bei erwünschter Einschränkung des Appetits bietet es sich auch vor den Mahlzeiten an.

Der Hauptnährwert des Obstes steckt in den Kohlenhydraten – in den schnell verfügbaren, wie Trauben-, Frucht- und Malzzucker, den langsamer verfügbaren, wie Stärke, und in den unverdaulichen in Form von Zellulose. Der Fruchtzucker wird schnell gelöst und ohne weitere Spaltung sofort in die Blutbahn aufgenommen. Obst wirkt aus diesem Grund energiespendend und belebend. Die Fruchtsäuren und andere aromatische Substanzen wirken zusammen mit dem Wasser, das im Obst enthalten ist, erfrischend und durststillend.

Zellulose, die Gerüstesubstanz von Obst und Gemüse, ist selbst nicht verdaulich, regt aber als Ballaststoff die Tätigkeit der Verdauungsorgane an.

Die Meinung, Obst und Gemüse würden beim Einkochen ihre Nährwerte verlieren, ist heute noch weit verbreitet. Wo aber genau nach Vorschrift gearbeitet wird (kein unnötig langes Lagern vor dem Verarbeiten z. B.), kann davon ausgegangen werden, daß die ernährungsphysiologisch wichtigen Stoffe noch weitgehend erhalten bleiben.

Man kann sogar so weit gehen und behaupten, daß sachgerecht haltbar gemachte Ware oft noch mehr Nährwerte besitzt als unverarbeitete »frische« Produkte, die zu lange und unter ungünstigen Bedingungen gelagert wurden.

# Tips für richtiges Einkochen

1. *Sauberkeit* ist beim Einkochen eine wichtige Voraussetzung.
2. *Einkochgläser und Deckel* vor Gebrauch auf etwaige kleine Absplitterungen prüfen und aussortieren. Die einwandfreien Gläser in heißem Wasser unter Zugabe eines Spülmittels waschen und in klarem, heißem Wasser nachspülen.
3. *Einkochringe* wenige Minuten in einer Lauge auskochen und bis zur Verwendung in frischem, abgekochtem Wasser liegen lassen. Einkochringe, die schon mehrmals verwendet wurden, sorgfältig prüfen, denn nur mit einwandfreien Gummiringen ist ein sicherer Verschluß des Einkochglases gewährleistet.
4. *Wie hoch wird ein Glas gefüllt?*
   - Vorgekochtes Einkochgut und alle Flüssigkeiten (auch Aufgußflüssigkeiten) bis zu 2 cm
   - breiartiges Einkochgut (z. B. Apfelmus) bis zu 4 cm
   - nachquellendes Einkochgut:
     Kuchenteig bis zur Hälfte
     Wurstmasse bis zu drei Viertel
     unter den Glasrand einfüllen.
   
   Beim Einfüllen von heißem Einkochgut die Gläser auf ein nasses Tuch stellen, damit sie nicht zerspringen.
5. Nach dem Einfüllen den Glasrand säubern, den Einkochring aus dem heißen Wasser nehmen, abtropfen lassen und naß auf den Glasrand legen. Danach den Deckel auflegen und darauf achten, daß sich der Gummiring nicht verschiebt.
6. *Verschließen der gefüllten Einkochgläser* mit Bügel. Den Universalbügel von der Seite über den Deckel ziehen, so daß er genau auf der Mitte des Deckels aufliegt. Darauf achten, daß sich dabei der Einkochring nicht verschiebt oder verklemmt. Sitzt der Bügel nicht richtig, besteht die Gefahr, daß der Einkochring selbst von der sich bei der Erhitzung ausdehnenden Innenluft des Glases hinausgepreßt wird und das Glas offen bleibt.
7. Einkochgläser können mit oder ohne Drahtunterlage in den Einkochtopf gestellt werden. Es schadet auch nichts, wenn die Einkochgläser sich gegenseitig oder die Wand des Einkochtopfes berühren. Sie dürfen nur nicht ineinandergezwängt oder unbeweglich sein.
8. Danach gießt man so viel Wasser in den Topf, daß die Einkochgläser bis

zu $3/4$ ihrer Höhe davon umgeben sind. Wenn zwei Gläserschichten übereinander oder niedrige Gläser neben hohen eingekocht werden, richtet sich die Höhe des Wasserbades stets nach dem oberen bzw. dem höchsten Glas. Die unteren bzw. niedrigeren Gläser können unbedenklich ganz unter Wasser sein, da sie unter Bügeldruck stehen und deshalb kein Wasser von außen eindringen kann.

9. **Besonders wichtig:**
*Die Temperatur des Wasserbades* muß bei Beginn des Einkochens stets der Temperatur des Gläserinhalts entsprechen. Gläser mit kaltem Inhalt werden daher nur mit kaltem Wasser, Gläser mit heißem Inhalt (bei vorgekochtem Einkochgut) mit entsprechend heißem Wasser aufgesetzt. Keinesfalls darf also bei Gläsern mit kaltem Inhalt heißes Wasser in den Einkochtopf gefüllt werden; dadurch bekommt nämlich das Wasser zu früh die erforderliche Einkochtemperatur, während der Gläserinhalt noch nicht genügend erhitzt ist. Das Thermometer zeigt dann nur die Wassertemperatur an, nicht aber die Temperatur des Einkochgutes in den Gläsern. Das hat zur Folge, daß die vorgeschriebenen Einkochzeiten, die sich natürlich auf den Inhalt der Gläser beziehen, nicht mehr genau eingehalten werden können und Mißerfolge unausbleiblich sind, weil die Bakterien und Gärungskeime im Inneren des Glases nicht mit Sicherheit abgetötet werden.

10. *Das Einkochthermometer* vor dem Einkochen durch Eintauchen in kochendes (sprudelndes) Wasser überprüfen, wobei das Thermometer etwa 100 Grad C anzeigen muß.
Dann mit der Schutzhülse durch die Öffnung im Deckel des Einkochtopfes einschieben und darauf achten, daß die Hülse mit dem Thermometer genügend tief ins Wasser reicht.
*Die Einkochzeit beginnt,* wenn das Thermometer den im jeweiligen Rezept vorgeschriebenen Hitzegrad erreicht hat. Wenn beispielsweise eine Einkochzeit von 25 Minuten bei 90 Grad C vorgeschrieben ist, so beginnt die Einkochzeit erst dann, wenn das Thermometer 90 Grad C anzeigt.

11. *Nach Beendigung des Einkochens* die Gläser aus dem Einkochtopf herausnehmen. Keinesfalls im Wasserbad erkalten lassen und nicht mit einem Tuch bedecken, da die Einkochzeit unnötig verlängert und das Einkochgut durch Nachkochen zu weich und unansehnlich wird. Man vermeide aber, die Gläser der Zugluft auszusetzen oder sie etwa auf eine kalte Unterlage zu stellen.

12. **Besonders wichtig:**
    *Die herausgenommenen Einkochgläser* müssen bis zum völligen Erkalten unter Bügelverschluß bleiben; die Bügel sollten danach aber unbedingt abgenommen werden. Denn nur dann ist durch leichtes Anfassen des Deckels festzustellen, ob das Glas wirklich geschlossen ist. Ein aufgesetzter Bügel würde übrigens auch das selbsttätige Aufgehen eines Einkochglases behindern, wenn sein Inhalt schlecht ist, in Gärung übergeht und Fäulnisgase bildet. In diesem Fall ist das Aufgehen des Glases als Warnsignal dringend erwünscht.

    Regelmäßige Kontrolle der Einkochgläser auf sicheren Verschluß durch leichtes Anfassen des Deckels ist in den ersten Tagen nach dem Einkochen täglich, später nur noch in größeren Zeitabständen nötig.

13. Der Vorratsraum für die gefüllten Einkochgläser sollte nach Möglichkeit kühl (jedoch frostfrei), in jedem Fall aber ohne direkte Sonneneinstrahlung sein.

14. *Einkochgläser werden geöffnet,* indem man mit Daumen und Zeigefinger die vorstehende Anfaßzunge des Einkochrings seitlich herauszieht, bis die Außenluft mit dem bekannten Zischen in das Glas eindringt. Der Unterdruck im Glas wird dadurch aufgehoben, und der Deckel läßt sich jetzt leicht abnehmen. Keinesfalls scharfe Gegenstände wie Messer, Schere und dergleichen zum Öffnen verwenden, da sonst Einkochring und Rand von Glas oder Deckel beschädigt werden. Ist der Einkochring verklebt oder seine Anfaßzunge abgerissen, so lassen sich solche Gläser leicht öffnen, indem man einen Bügel aufspannt (wichtig!) und sie umgekehrt einige Minuten in heißes Wasser stellt.

# Mißerfolge und ihre Ursachen

Sollte wider Erwarten doch einmal ein Einkochglas aufgehen, so kann dies folgende Ursachen haben:

1. Ungeeignete Düngung des Einkochgutes.
2. Ungünstige Wachstumsbedingungen (überschnelle Reifung durch Hitze oder regenreiche Witterung).
3. Zu lange Lagerung und als Folge davon Gärung des Einkochgutes vor dem Einkochen. Während der Lagerzeit können sich sporenbildende Bakterien in großer Zahl entwickeln, die teilweise die Erhitzung über-

dauern können. Es kommt dann zum Auskeimen der Sporen, die den Verderb des Einkochgutes bewirken.

4. Nicht genaues Einhalten der Einkochvorschriften, besonders der vorgeschriebenen Einkochzeiten und Hitzegrade (siehe auch Erfolgsregeln Nr. 9 und 10).

5. Schadhafter Zustand der Ränder des Glases bzw. des Deckels oder auch des Gummirings, so daß Luft eintreten kann (siehe auch Erfolgsregeln Nr. 2 und 3).

6. Unsachgemäße Aufbewahrung der gefüllten Einkochgläser (siehe auch Erfolgsregeln Nr. 13).

7. Beim Einkochen von Fleisch und Wurst kann es vorkommen, daß durch zu starkes Kochen oder infolge zu hohen Füllens des Einkochglases (siehe auch Erfolgsregel Nr. 4) Fett mit dem Gummiring in Berührung kommt. Ein mit Fett verschmierter Gummiring verursacht einen sogenannten Scheinverschluß, weil Glas, Deckel und Gummiring nur zusammenkleben. Das gleiche kann beim Einkochen von Obst geschehen, wenn die Zuckerlösung zu hoch eingefüllt wurde. Die überlaufende Zuckerlösung verklebt den Gummiring, und es entsteht ebenfalls ein Scheinverschluß.

8. Beim Einkochen von süß-sauren Früchten oder Essiggemüsen kann es vorkommen, daß infolge zu hohen Einfüllens oder zu starken Kochens des Glasinhaltes der Essigsud mit dem Gummiring in Berührung kommt. Auch in diesem Fall kann das Einkochglas nicht schließen, weil sich der Gummiring unter dem Einfluß des heißen Essigsuds stark wellt und weitet.

**Das Aufgehen eines gefüllten Einkochglases nach dem Erkalten ist ein Warnsignal:**
Entweder sind Glas, Deckel oder Ring nicht in Ordnung, oder der Inhalt ist nicht einwandfrei. Notfalls muß dieser in ein neues Glas umgefüllt und nochmals eingekocht werden. Einkochzeit und Hitzegrad wie in dem betreffenden Rezept. Bleibt das Glas auch dann nicht zu, muß der Inhalt sofort verbraucht werden.
Bei Bohnen und Erbsen und auch bei Fleisch und Wurst ist größte Vorsicht geboten, da der Verderb dieses Einkochgutes im Anfangsstadium für den menschlichen Geruch und Geschmack noch nicht unbedingt wahrnehmbar ist und daher die Gefahr von lebensgefährlichen Vergiftungen besteht. Den Inhalt solcher Gläser keinesfalls verwenden!

# Einkochen im Schnellkochtopf

1. Die Einkochgläser mit dem vorbereiteten Einkochgut füllen (siehe Tip 4, Seite 14), mit Einkochring und Deckel verschließen und Universalbügel bzw. noch besser Flachbügel aufspannen.
2. Die Einkochgläser direkt auf den Boden des Schnellkochtopfes stellen (ein Siebeinsatz ist nicht erforderlich) und 1/2 Liter Wasser einfüllen.
3. Den Schnellkochtopf nach Vorschrift schließen und die Heizquelle einschalten. Die für das jeweilige Einkochgut vorgeschriebene Einkochzeit beginnt, wenn am Ventil des Schnellkochtopfes die genannte Stufe (Ring) erreicht ist.

## Einkochzeiten speziell für den Schnellkochtopf

|  | Stufe oder Ring | Einkochzeiten Minuten |
|---|---|---|
| zarte Beeren | I | 5 |
| andere Beeren | I | 7–8 |
| Marmeladen und Konfitüren |  |  |
| (vorgekocht) | I | 1–2 |
| Kernobst | I | 10–12 |
| Steinobst | I | 10–12 |
| Essiggemüse | I | 10 |
| Gemüse | II | 25–30 |
| Fleisch- und Wurstwaren |  |  |
| (langsam ankochen) | II | 25 |

Beim Einkochen im Schnellkochtopf wird sowohl im Topf als auch in den Gläsern ein Überdruck erzeugt. Wird nach dem Einkochen der geschlossene Topf unter fließendem Wasser abgekühlt oder wird abgedampft, so verringert sich zwar sofort der Überdruck im Topf, aber nicht gleich schnell auch in den Gläsern. Das hat dann zur Folge, daß die Aufgußflüssigkeit wegen des in den Gläsern noch vorhandenen Überdrucks aus den Gläsern herausgedrückt wird und heraussprudelt.

**Wichtig deshalb:**
**Den Schnellkochtopf nach Beendigung der Einkochzeit keinesfalls mit Wasser abkühlen oder abdampfen.**
Den Topf neben die Heizplatte stellen, bis der Dampfdruck nachgelassen hat und das Ventil des Schnellkochtopfes nicht mehr anzeigt. Dann noch mindestens 1/2 Stunde warten, bis sich der Topf weiter abgekühlt hat. Jetzt erst den Topf öffnen und die Gläser gleich herausnehmen. Bügel aufgespannt lassen bis zum völligen Erkalten des Einkochgutes, dann aber unbedingt abnehmen.

# Einkochen mit Elektro- oder Gasherd

Für das Einkochen auf dem Gas- oder Kohleherd kann jeder Einkochtopf verwendet werden. Es lohnt sich jedoch, für das Einkochen auf dem Elektroherd einen Einkochtopf mit plangepreßtem Boden anzuschaffen, damit die Heizkraft voll ausgenutzt wird (siehe auch S. 9).
Ohne Verwendung eines Einkochapparats kann auch direkt in der Backröhre des Gas- oder Elektroherds eingekocht werden. Die Gläser müssen jedoch von gleicher Größe und bei dem gleichen Einkochvorgang mit demselben Einkochgut gefüllt sein. Die mit Bügeln verschlossenen Gläser werden auf den Rost oder in die Bratenpfanne gestellt und zuunterst in die Backröhre geschoben. Damit die Gummiringe in der trockenen Heißluft nicht spröde werden, wird eine Tasse mit Wasser auf den Rost gestellt bzw. die Bratenpfanne mit Wasser gefüllt. Die Gläser dürfen sich gegenseitig nicht berühren und nicht zu nahe an die Decke des Backofens reichen, da die Deckel sonst platzen können. Es empfiehlt sich, über die Gläser mehrere Lagen nasses Zeitungspapier zu legen. Die Einkochgläser werden in die kalte Röhre eingestellt, auch wenn der Inhalt noch warm sein sollte. Tür und Wrasenschieber (Ventilationsklappe an der Tür) bleiben geschlossen, damit die Luft in der Röhre nicht zu trocken wird. Die Sterilisierzeit (Einkochzeit) beginnt, wenn in den Gläsern kleine Bläschen hochsteigen. Im übrigen richte man sich nach den speziellen Anweisungen, die von den Lieferwerken jedem Herd beigelegt werden.

# Einkochen im Backofen mit Temperaturregler

| Obst (5–6 Gläser) | Einsetzen, wenn 160–175°C erreicht sind | in die etwa 1 cm hoch mit heißem Wasser (80°C) gefüllte Fettpfanne auf den Boden oder die untere Schiene | weiter 160–175°C bis zum Perlen, dann ausschalten | 20–30 Min. ohne Strom |
|---|---|---|---|---|
| Gemüse (5–6 Gläser) | Einsetzen, wenn 180°C erreicht sind, dann umschalten auf 160°C | | 160°C bis zum Perlen, dann weiter auf 160°C oder umschalten auf 125°C für 80–90 Minuten | 20–30 Min. ohne Strom |

Anmerkung: Das Einsetzen der Gläser in das heiße Wasserbad erfolgt stets erst nach Erreichen der durch den Reglerschalter eingestellten Temperatur, also nachdem das Glühlämpchen schon einmal ausgegangen ist.

# Was kann man einkochen?

## Obst (Kernobst, Steinobst, Beeren)

Zum Füllen eines 1-Liter-Glases werden etwa folgende Mengen der verschiedenen Obstsorten benötigt:

| | Gramm | | Gramm |
|---|---|---|---|
| Aprikosen, mit Stein | 650 | Pfirsiche, mit Stein | 500 |
| Aprikosen, entsteint | 850 | Pfirsiche, entsteint | 1000 |
| Birnen | 900 | Renekloden | 850 |
| Kirschen | 750 | Stachelbeeren | 750 |
| Mirabellen | 800 | Zwetschen, entsteint | 900 |

Obst muß unbedingt frisch und ausgereift sein. In der Haupterntezeit gepflückte Früchte liefern das im Geschmack beste Einkochgut. Frühobst eignet sich wegen seines großen Wassergehalts nicht gut zum Einkochen. Weniger schöne Früchte verwendet man zu Marmelade (siehe S. 81 ff.) oder zur Gewinnung von Säften (siehe S. 87).

Obst aus dem eigenen Garten pflückt man am besten in den Morgenstunden und bereitet nur so viel vor, wie am gleichen Tag eingekocht werden kann. Das gleiche gilt für gekauftes Obst. Ist es unvermeidbar, daß das Obst vor dem Einkochen kurze Zeit gelagert wird, so soll es möglichst in einem kühlen Raum weit ausgebreitet aufbewahrt werden.

Spätere Trübung einer zuvor klaren Flüssigkeit ist meist das Zeichen beginnenden Verderbs. Solches Einkochgut rasch verbrauchen.

Schimmelbildung im verschlossenen Einkochglas entsteht ab und zu bei einigen Beeren- und Obstarten, die bei vorwiegend nasser Witterung gereift sind. Die Früchte enthalten dann mehr Gärungserreger, die durch die üblichen Erhitzungszeiten nicht restlos vernichtet wurden. *Bei beginnender Schimmelbildung* ist die obere Schicht des Einkochguts vorsichtig und tief genug zu entfernen. Den Inhalt entweder sofort verbrauchen oder erneut einkochen.

*Bei ausgebildetem Schimmelrasen* (ganzflächige Schimmelbildung) sollte der gesamte Inhalt weggeschüttet werden.

*Weißer Niederschlag* an der Innenseite des Glasdeckels ist belanglos. Er wird durch die dünne, sich auflösende Wachsschicht verursacht, von der Mirabellen, Renekloden, Zwetschen und Pflaumen umgeben sind.

# Einmachkalender

| Obst | Januar | Februar | März | April | Mai | Juni | Juli | August | September | Oktober | November | Dezember |
|---|---|---|---|---|---|---|---|---|---|---|---|---|
| Ananas | ■ | ■ | ■ | | | | | | | | | ■ |
| Äpfel | ■ | ■ | | | | | | | ■ | ■ | ■ | ■ |
| Apfelsinen | ■ | ■ | | | | | | | | | ■ | ■ |
| Aprikosen | | | | | | ■ | ■ | ■ | | | | |
| Bananen | ■ | ■ | | | | | | | | ■ | ■ | ■ |
| Birnen | ■ | ■ | | | | | | ■ | ■ | ■ | ■ | ■ |
| Berberitzen | | | | | | | | | ■ | ■ | | |
| Brombeeren | | | | | | | ■ | ■ | ■ | | | |
| Ebereschen | | | | | | | | | ■ | ■ | ■ | |
| Erdbeeren | | | | | ■ | ■ | | | | | | |
| Hagebutten | | | | | | | | | ■ | ■ | ■ | |
| Heidelbeeren | | | | | | | ■ | ■ | | | | |
| Himbeeren | | | | | | ■ | ■ | ■ | | | | |
| Holunderbeeren | | | | | | | | | ■ | ■ | | |
| Johannisbeeren | | | | | | | ■ | ■ | ■ | | | |
| Kirschen, süß | | | | | ■ | ■ | ■ | | | | | |
| Kirschen, sauer | | | | | | ■ | ■ | ■ | | | | |
| Kürbisse | | | | | | | | ■ | ■ | ■ | | |
| Melonen | | | | | | | | ■ | ■ | ■ | | |
| Mirabellen | | | | | | | ■ | ■ | ■ | | | |
| Pfirsiche | | | | | | | | ■ | ■ | ■ | | |
| Pflaumen | | | | | | | | ■ | ■ | ■ | | |
| Preiselbeeren | | | | | | | | ■ | ■ | ■ | | |
| Quitten | | | | | | | | | ■ | ■ | ■ | |
| Renekloden | | | | | | | ■ | ■ | ■ | | | |
| Rhabarber | | | | ■ | ■ | ■ | | | | | | |
| Sanddorn | | | | | | | | | ■ | ■ | ■ | |
| Schlehen | | | | | | | | | | ■ | ■ | |
| Stachelbeeren | | | | | | ■ | ■ | ■ | | | | |
| Weintrauben | | | | | | | | | ■ | ■ | ■ | |
| Zitronen | ■ | ■ | ■ | | | | | | | ■ | ■ | ■ |

# Tabelle über Einkochzeiten für Obst

Bei Verwendung normaler Einkochgläser 95 mm Weite bis 1¹/₂ l Inhalt, die angegebenen Zeiten gelten, sobald die vorgeschriebene Einkochtemperatur erreicht ist. Die Mengen sind Zirkawerte.

| Einkochgut | Einkochzeit Minuten | Einkoch- temperatur °C | Zuckerzusatz g auf 1 l Flüssigkeit | Zuckerzusatz g auf 1 kg Fruchtfüllung |
|---|---|---|---|---|
| Äpfel | 30 | 80 | 200 | – |
| Apfelmus | 30 | 90 | 350 | – |
| Aprikosen | 30 | 75 | 200 | – |
| Birnen | 30 | 90 | 250 | – |
| Brombeeren | 30 | 75 | – | 250 |
| Erdbeeren | 20 | 75 | – | 250 |
| Heidelbeeren | 30 | 80 | – | 250 |
| Johannisbeeren | 20 | 98 | – | 300 |
| Kirschen, süß | 30 | 80 | 175 | 275 |
| Kirschen, sauer | 30 | 80 | 200 | 450 |
| Mirabellen | 30 | 75 | 275 | – |
| Pfirsiche | 30 | 75 | 300 | – |
| Pflaumen | 30 | 75 | 250 | 175 |
| Preiselbeeren | 30 | 90 | 400 | – |
| Quitten | 30 | 90 | 400 | – |
| Renekloden | 30 | 75 | 275 | – |
| Rhabarber | 30 | 80 | – | 175 |
| Stachelbeeren | 30 | 75 | 300 | – |

## Die Zubereitung des Einkochguts

Alle Obstarten in kaltem Wasser kurz waschen und erst dann zerkleinern, entstielen oder entsteinen. Man vermeidet unnötige Saftverluste und erhält dem Einkochgut die wertvollen Vitamine und Mineralsalze.
Beim Einkochen von Obst kommt es ab und zu vor, daß die Früchte im Glas während des Einkochprozesses steigen, so daß die obere Schicht aus der Flüssigkeit herausragt und sich bräunlich verfärbt. Das Braunwerden entsteht in gleicher Weise wie beim geschälten Apfel, der auch schon nach wenigen

Minuten durch die Einwirkung des Sauerstoffs der Luft braun wird, die – wenn auch keimfrei und stark verdünnt – oben unter dem Deckel im verschlossenen Einkochglas vorhanden ist. Die Ursache des Braunwerdens kann verschieden sein.

Früchte, die zu reif und zu weich sind, geben beim Erhitzen zuviel Saft ab. Sie werden dabei leichter, steigen in die Höhe und werden braun. Eine weitere Ursache kann zu schnelles oder zu starkes Erhitzen sein. Auch dadurch geben die Früchte zuviel von ihrem Saft ab.

Ein anderer Grund ist eine zu starke Zuckerlösung. Sie ist schwerer als die Früchte und drückt das Obst in die Höhe. Darauf achten, daß die eingefüllte Zuckerlösung über die Früchte reicht. Das Obst darf deshalb nicht zu hoch eingefüllt werden.

Ein Verfärben der oberen Schicht läßt sich auch dadurch vermeiden, indem die Gläser abends eingefüllt und über Nacht mit aufgelegtem Ring und Deckel in einen kühlen Raum gestellt werden. Die Früchte sind mit Zucker bzw. Zuckerlösung vollgesaugt, sind schwerer und steigen nicht so leicht in die Höhe. Kommt es nun aber trotz aller Sorgfalt zu einer Verfärbung, so sind die Früchte keinesfalls verdorben.

## Grundrezept für Zuckerlösung beim Einkochen von Obst

Für süße Früchte 125–300 g Zucker auf 1 Liter Wasser,
für saure Früchte 500–600 g Zucker auf 1 Liter Wasser.

Die im Grundrezept und bei den einzelnen Rezepten angegebenen Zuckermengen dienen nur als Anhalt. Man kann die Zuckerzugabe ganz nach Geschmack erhöhen oder verringern. Es ist durchaus möglich, das Obst mit weniger Zucker einzukochen und vor dem Verbrauch nachzusüßen.

*Kompotte* ohne jede Zuckerzugabe einzukochen, ist allerdings nicht ratsam, denn nachträglich nehmen die Früchte nur sehr langsam Zucker auf. Die erforderliche Zuckermenge kocht man in Wasser auf und gibt die erkaltete Lösung über die Früchte. Durchschnittlich rechnet man pro Liter Glasinhalt mit $1/3$ Liter Auffüllflüssigkeit.

*Einkochen für Diabetiker*
Obstkonserven für Diabetiker können nach den gleichen Grundregeln hergestellt werden. Die Rezeptur wird nur im Hinblick auf die Zuckerzugabe ge-

ändert. Man kann Diabetikerzucker verwenden oder die Zuckermenge durch kochfeste Süßstoffe (Cyclamat) ersetzen. Erhältlich sind diese Produkte im Fachhandel. Auf Prospekten und Packungen ist jeweils die zu ersetzende Zuckermenge genau angegeben.

Eine Verwendung von Süßstoff zu Kompott ist möglich, ein solcher Ersatz für Diabetikerzucker (Sorbit) zu Marmeladen und Gelees hingegen nicht, da diese nicht gelieren würden.

Durch die Art der Vorbereitung und abhängig von der einzelnen Frucht ist der Gehalt an Kohlenhydraten im Fruchtsaft oder Fruchtbrei verschieden; exakte Berechnungen für das Endprodukt Marmelade oder Gelee sind daher notwendig.

Als Grundrezept kann angegeben werden: 500 g Fruchtbrei, 500 g Diabetikerzucker (Sorbit), 5 Eßlöffel Geliermittel (gibt es industriell hergestellt für Diabetikermarmelade und -gelees), je nach Frucht Zitronensaft.

Die vorbereiteten Früchte müssen ganz fein zerkleinert werden, da sie sonst nicht genügend durchkochen. (Durch den Wolf drehen oder mit dem Mixer pürieren). Fruchtbrei und Diabetikerzucker werden unter ständigem Rühren zum Kochen gebracht. Man läßt die Masse bei möglichst großer Hitze etwa 4 Minuten vom brausenden Aufkochen an kochen. Dabei muß ständig gerührt werden. Dann fügt man das Geliermittel und Zitronensaft hinzu, läßt nochmals kurz aufwallen, füllt sofort in Gläser und verschließt sie.

Als Durchschnittswert kann hier angegeben werden: 1125 Kalorien (4709 Joule) 28 Kohlenhydrate = $2^1/_3$ BE (Broteinheit).

Bei einem schnellen Verbrauch innerhalb etwa 8 Wochen kann der Diabetikerzucker um 100 g reduziert werden.

# Kompotte

## Äpfel

*3 kg Äpfel*

*Essig-, Salz- oder*
*Zitronenwasser*

*Zuckerlösung*
*Zitronenschale,*
*Zimtstange*
*und Nelken*

*kristalline*
*Zitronensäure*

*Fruchtschalen*

schälen, vierteln oder in Scheiben schneiden, Kerngehäuse entfernen. Die Stücke in schwaches

legen, damit sie hell bleiben. Schnell in die vorbereiteten Gläser füllen. Die vorher aufgekochte
mit den nach Belieben beigegebenen Gewürzen

sofort über die Äpfel gießen. Vor dem Verschließen
kann

hinzugefügt werden, da diese dem Nachdunkeln heller Früchte entgegenwirkt. Ebenso kann man obenauf einige
legen. Sauber verschließen und einkochen.
Zuckerlösung: 175–300 g Zucker auf 1 l Wasser.
Einkochzeit: 30 Minuten bei 80°C.
Härtere Apfelsorten 5 Minuten kochen.

## Apfelmus

*4 kg Äpfel*

*Wasser*

*300–400 g Zucker*

(Fallobst oder Äpfel, die nicht lange zu lagern sind) waschen und in Stücke zerteilen. Kerngehäuse nur entfernen, wenn wurmige oder faule Stellen vorhanden sind. In
(die Zugabe richtet sich nach der Apfelsorte) weichkochen, durch ein Sieb streichen und
unter das heiße Mus rühren. Bis 4 cm unter den Rand in Gläser füllen und sterilisieren.
Einkochzeit: 30 Minuten bei 90°C.

## Aprikosen

| | |
|---|---|
| *3 kg Aprikosen* | kurz vor der Vollreife ernten, waschen. Werden sie mit Stein eingekocht, kann man mit einem Holzstäbchen einige Male in die Frucht einstechen, um ein Platzen zu vermeiden. Sonst die Früchte halbieren, entsteinen und beim Einschichten in die Gläser einige |
| *Kerne* | aus aufgeschlagenen Steinen zur Verbesserung des Aromas mit hineinlegen. Die aufgekochte |
| *Zuckerlösung* | sofort übergießen und nach Wunsch |
| *kristalline* | |
| *Zitronensäure* | oder einige Fruchtschalen hinzufügen. Langsam erhitzen. Zuckerlösung: 175–300 g Zucker auf 1 l Wasser. Einkochzeit: 30 Minuten bei 75°C. |

## Aprikosenmus

Zubereitung wie bei Apfelmus. Beide Obstsorten lassen sich auch gemischt zu Mus verarbeiten, was geschmacklich sehr zu empfehlen ist.

## Birnen

| | |
|---|---|
| *3 kg Birnen* | vollreif, aber nicht überreif ernten. Dünnschalige Früchte nach Belieben ungeschält verarbeiten, nur Blüte und Stiel entfernen. Dickschalige Birnen schälen, halbieren, vom Kerngehäuse befreien und gegebenenfalls vierteln. Sofort in |
| *Zitronenwasser* | legen. Schnell mit der Rundung nach oben in Gläser schichten und die aufgekochte |
| *Zuckerlösung* | mit |
| *Zimt, Nelken* | |
| *oder Ingwer* | über die Früchte gießen. Nach Vorschrift verschließen und einkochen. Zuckerlösung: 200–300 g Zucker auf 1 l Wasser. Einkochzeit: 30 Minuten bei 90°C. Härtere Früchte 10 Minuten länger sterilisieren. |

## Brombeeren

| | |
|---|---|
| *1 kg Brombeeren* | (reif) verlesen, waschen und abtropfen lassen. Schichtweise mit |
| *250 g Streuzucker* | in Gläser füllen, gut verschließen und einkochen. Einkochzeit: 30 Minuten bei 75°C. |

## Erdbeeren

| | |
|---|---|
| *1 kg Erdbeeren* | (am besten eignen sich die mittelspäten und späten Senga-Sorten) kurz, aber sorgfältig waschen, entstielen und abtropfen lassen. Mit |
| *200–250 g Streuzucker* | schichtweise in Gläser füllen und über Nacht kühl stellen. Dadurch sacken die Früchte etwas zusammen, und es können noch Erdbeeren nachgefüllt werden. Sauber verschließen und sterilisieren. Einkochzeit: 20 Minuten bei 75°C. |

## Heidelbeeren

| | |
|---|---|
| *1 kg Heidelbeeren* | verlesen und unter fließendem Wasser abbrausen. Mit |
| *200 g Streuzucker* | vermischt in Gläser füllen. Dabei einige Male das Glas auf die Handfläche stoßen, damit die Früchte etwas zusammensacken. Gut verschließen und einkochen. Einkochzeit: 30 Minuten bei 80°C. |

## Himbeeren

| | |
|---|---|
| *1 kg Himbeeren* | abbrausen und abtropfen lassen. Mit |
| *150 g Zucker* | vermischen und in Gläser füllen. Gut verschließen und einkochen. Einkochzeit: 20 Minuten bei 75°C. |

# Johannisbeeren

| | |
|---|---|
| *1 kg Johannisbeeren* | (großfrüchtige Sorten) kurz waschen und in einem Sieb abtropfen lassen. Mit der Hand oder einer Gabel die Beeren von den Rispen abstreifen und mit |
| *250–300 g Streuzucker* | vermischt in Gläser füllen. Dabei mehrmals das Glas auf die Handfläche stoßen, damit die Früchte etwas zusammensacken. Verschließen und sterilisieren. Einkochzeit: auf 98°C erhitzen und 20 Minuten im von der Heizstelle genommenen Topf auskühlen lassen. |

# Kirschen

| | |
|---|---|
| *1 kg Süß- oder Sauerkirschen* | entstielen, nach Belieben entsteinen und in Einmachgläser füllen. Die |
| *Zuckerlösung* | aufkochen und über die Früchte gießen. Saftige, vollfleischige, |
| *dunkle Kirschen* | können mit |
| *Streuzucker* | eingekocht werden. Früchte mit dem Zucker mischen und in Gläser füllen. In beiden Fällen wird das Kompott besonders aromatisch, wenn einige aufgeschlagene |
| *Steine (mit Kern)* | zugegeben werden. Verschließen und einkochen. Zuckerlösung: Süßkirschen = 175–250 g Zucker auf 1 l Wasser, Sauerkirschen = 400–500 g Zucker auf 1 l Wasser. Streuzucker: Süßkirschen = 150–200 g, Sauerkirschen = 250–300 g. Einkochzeit: 30 Minuten bei 80°C. |

# Mirabellen

| | |
|---|---|
| *3 kg Mirabellen* | (großfrüchtige, fleischige Sorten) waschen, ent- |

| | stielen und nach Belieben entsteinen. In Gläser füllen und mit aufgekochter |
| --- | --- |
| *Zuckerlösung* | übergießen. Gut verschließen und sterilisieren. Werden die Früchte mit Stein eingekocht, sollte man, um ein Platzen zu verhindern, mehrere Male mit einem spitzen Holzstäbchen in die Haut einstechen. |
| *Kerne* | von aufgeklopften Steinen verbessern das Aroma. Zuckerlösung: 250–300 g Zucker auf 1 l Wasser. Einkochzeit: 30 Minuten bei 75°C. |

## Pfirsiche

| | |
| --- | --- |
| *4 kg Pfirsiche* | (reif, aber noch fest) waschen und nach Belieben häuten. Pfirsiche, die nicht geschält werden, einige Male einstechen. Früchte zum Enthäuten kurz in kochendes Wasser halten, im kalten Wasser abschrecken und abziehen. |
| | Pfirsiche, die sich schlecht vom Stein lösen, im Ganzen einkochen oder in Spalten vom Stein losschneiden, sonst halbieren. Die Früchte in Gläser schichten und sofort die aufgekochte und abgekühlte |
| *Zuckerlösung* | übergießen. Wie bei allen Steinfrüchten einige Kerne mit einkochen. Bei hellfleischigen Pfirsichen kann man in die Zuckerlösung etwas |
| *kristalline Zitronensäure Fruchtschalen* | geben oder oben auf die Früchte einige legen. Zuckerlösung: 250–350 g Zucker auf 1 l Wasser. Einkochzeit: 30 Minuten bei 75°C. |

## Pflaumen (Zwetschen)

| | |
| --- | --- |
| *1 kg Pflaumen oder Zwetschen* | (nicht zu reif) waschen und abtropfen lassen. Ganz oder halbiert und entsteint in Einmachgläser füllen und mit aufgekochter und leicht abgekühlter |

| | |
|---|---|
| *Zuckerlösung* | übergießen. Gut verschließen und einkochen. Sollen die Früchte später als Kuchenbelag verwendet werden, schichtet man sie entsteint mit |
| *Streuzucker* | in die Gläser. Verschließen und sterilisieren. Zuckerlösung: 200–300 g Zucker auf 1 l Wasser. Einkochzeit: 30 Minuten bei 75°C. Streuzucker: 150–200 g. Einkochzeit: langsam auf 75°C erhitzen; 20 Minuten Dauer. |

## Preiselbeeren

| | |
|---|---|
| *1 kg Preiselbeeren* | gut waschen und verlesen. In der vorbereiteten |
| *Zuckerlösung* | etwa 10 Minuten kochen. Etwas abkühlen lassen und in Gläser einfüllen. Gut verschließen und einkochen. Zuckerlösung: 300–500 g Zucker auf 1 l Wasser. Einkochzeit: 30 Minuten bei 90°C. |

## Quitten

| | |
|---|---|
| *2 kg Quitten* | abreiben, schälen, in gleich große Stücke schneiden und dabei das Kerngehäuse entfernen. Man kann auch die Früchte in Scheiben schneiden. Die Stücke oder Scheiben sofort in |
| *Essig- oder Zitronenwasser* | legen, damit sie hell bleiben. In Gläser einschichten |
| *Zuckerlösung* | und mit aufgekochter, etwas abgekühlter übergießen. Gut verschließen und einkochen. Zuckerlösung: 350–450 g Zucker auf 1 l Wasser. Einkochzeit: 30 Minuten bei 90°C. |

## Renekloden

Es gilt die gleiche Zubereitung wie für Mirabellen. Etwas mehr Zucker dazugeben.

## Rhabarber

| | |
|---|---|
| *1 kg Rhabarber* | waschen, wenn nötig schälen und in 3 cm lange Stücke schneiden. Mit |
| *150–200 g Streuzucker* | in Gläser schichten und zugedeckt einige Stunden ziehen lassen. Gut verschlossen sterilisieren. Einkochzeit: 30 Minuten bei 80°C. |

## Stachelbeeren

| | |
|---|---|
| *1 kg Beeren* | (nicht ganz reif und kleinfrüchtig) waschen und von Stiel und Blütenansatz befreien. Mehrere Male mit einem Holzstäbchen einstechen, damit die Früchte nicht platzen. In Gläser füllen und mit der aufgekochten |
| *Zuckerlösung* | übergießen. Nach Belieben eine aufgeschnittene |
| *Vanilleschote* | dazugeben. Gut verschließen und einkochen. Zuckerlösung: 300–350 g Zucker auf 1 l Wasser. Einkochzeit: 30 Minuten bei 75°C. |

# Kompotte mit Schwips

## Äpfel in Gin

| | |
|---|---|
| *2 kg Äpfel* | (am besten eignen sich feste Sorten, wie James Grieve, Winterglockenapfel, Jonathan und Boskop) schälen, vierteln und vom Gehäuse befreien. |
| *1 kg Zucker* *1/2 l Wasser* | in aufkochen und abekühlt über die Früchte gießen. 48 Stunden stehen lassen. |
| *1 kg Zucker* *Saft von 5 Zitronen, Schale von 1 1/2 Zitronen, 1/2 TL Zimt, 1/2 TL Nelken, 1 kleinen Ingwerwurzel* | mit dem der dünn abgeschälten und nach Geschmack |

| | |
|---|---|
| *¹/₄ TL Cayennepfeffer* | bei schwacher Hitze etwas eindicken. Die Äpfel dazugeben und fast gar kochen. Zum Schluß |
| *¹/₄–¹/₂ l Gin* | hinzufügen. Erkalten lassen, die Früchte herausnehmen und in Gläser füllen. Den Sud durchsieben und zu dem Obst gießen. Die Gläser gut verschließen und kühl aufbewahren.<br>Die Äpfel in Gin nach Belieben einkochen. Sie dürfen dann aber vorher nicht im Sud gegart werden.<br>Einkochzeit: 30 Minuten bei 90°C.<br>Haltbarkeit: eingelegt 6 Monate, eingekocht 1 Jahr und länger. |

## Birnen in Gin

Es gilt die gleiche Zubereitung wie für Äpfel in Gin. Die Alkoholzugabe kann je nach Geschmack geändert werden.

## Birnen in Rotwein

| | |
|---|---|
| *1 kg Birnen* | (fest, klein und saftig) waschen, schälen und mit einem Ausstechmesser von unten her ausstechen. |
| *¹/₂ l Rotwein,*<br>*¹/₄ l Wasser und*<br>*¹/₂ kg Zucker* | miteinander aufkochen. Die Birnen nebeneinander in einen flachen, großen Topf setzen. |
| *¹/₂ Zimtstange,*<br>*1 Vanilleschote* | (aufgeschnitten), den |
| *Saft von 2 Grapefruits,*<br>*einige Nelken und*<br>*¹/₂ Ingwerwurzel* | mit dem Sud zu den Birnen geben. Bei kleiner Hitze etwa 10 Minuten kochen. Die Früchte vorsichtig herausnehmen, in Gläser füllen und mit dem dicklich eingekochten, durchgesiebten Sirup übergießen. Gut verschließen und kühl stellen.<br>Nach Wunsch einkochen, die Birnen dann aber nicht vorher im Sud garen.<br>Einkochzeit: 30 Minuten bei 80°C.<br>Haltbarkeit: eingekocht 1 Jahr und länger. |

# Kirschen in Grappa

| | |
|---|---|
| *1 kg Sauerkirschen* | waschen und entstielen. Mit einem Holzstäbchen mehrere Male einstechen, damit der Alkohol später einziehen kann. Mit |
| *800–1000 g Zucker* | bestreuen und über Nacht kühl stellen. |
| *1 Flasche (0,7 l)* | |
| *Grappa* | dazugießen und die Kirschen vorsichtig umrühren. Die Früchte in Gläser füllen und die Flüssigkeit dazugießen, bis das Obst bedeckt ist. Gut verschließen und kühl aufbewahren. Haltbarkeit: eingelegt 6 Monate. |

# Kürbis in Sherry

| | |
|---|---|
| *1 kg Kürbis (ohne Schale gewogen)* | teilen und von den Kernen befreien. Die Früchte sollen nicht zu reif sein. Das Fruchtfleisch in kleine Stückchen schneiden oder kleine Kugeln ausstechen. Mit |
| *250–500 g Zucker, Schale von 1 Zitrone (ungespritzt), 1 Zimtstange und einigen Nelken* | dünn abgeschälter |
| | mischen. Über Nacht ziehen lassen. Daraufhin die Zitronenschale und die Gewürze entfernen. Die Kürbisstückchen mit der gezogenen Flüssigkeit in Gläser füllen, mit |
| *1 Glas Sherry* | übergießen und gut verschließen. Kühl aufbewahren. Haltbarkeit: 3–4 Monate. |

# Melone in Zwetschenwasser

Es gilt das Rezept für Kürbis in Sherry. Man verwendet nicht zu reife Honig- oder Netzmelonen. Statt Sherry Zwetschenwasser verwenden.

## Preiselbeeren in Rum

| | |
|---|---|
| *1 kg Preiselbeeren* | verlesen, waschen, abtropfen lassen und in einen genügend großen Topf geben. Mit |
| *1 kg Zucker* | vermengen. Kleingewürfeltes |
| *Orangeat und* | |
| *Zitronat (je 50 g)* | dazugeben und alles zum Kochen bringen. Nach 15 Minuten |
| *1/4 l Rum* | dazugießen. Alles in vorbereitete Gläser füllen und gut verschließen. Nach Belieben sterilisieren. Einkochzeit: 30 Minuten bei 75°C. Haltbarkeit: eingelegt 3–4 Monate, eingekocht 1 Jahr und länger. |

## Quitten in Calvados

| | |
|---|---|
| *1 kg Quitten* | schälen, vom Kerngehäuse befreien und sofort in |
| *Zitronenwasser* | legen. In dieser Flüssigkeit die Quitten nicht ganz weich garen. In einem Sieb abtropfen lassen. In der Zwischenzeit aus |
| *600 g Zucker,* | |
| *1/4 l Zitronenwasser* | (Aufkochflüssigkeit), |
| *1/8 l Calvados und* | |
| *etwas Zitronenschale* | einen Sud kochen, die Quittenschnitze hineinlegen und einmal aufwallen lassen. In dieser Flüssigkeit bis zum nächsten Tag ruhen lassen. Dann das Obst herausnehmen und in Gläser schichten. Den Sud nochmals aufkochen und über die Quitten gießen. Mit |
| *Calvados* | anreichern. Gut verschlossen kühl und dunkel aufbewahren. Haltbarkeit: 3–4 Monate. |

## Weintrauben in Grappa

Es gilt die gleiche Zubereitung wie für Kirschen in Grappa. Der Alkohol kann beliebig ausgetauscht werden.

# Gemüse

Was man grundsätzlich beachten muß:
Bei der Auswahl der Gläser richtet man sich nach den bisherigen Angaben (siehe auch Seite 8). Zum Füllen eines 1-Liter-Glases werden etwa folgende Mengen der verschiedenen Gemüsesorten benötigt:

| | Gramm | | Gramm |
|---|---|---|---|
| Bohnen | 500 | Schwarzwurzeln | 800 |
| Erbsen (roh) | 600 | Spargel | 800 |
| Schneidbohnen | 600 | Tomaten | 600 |

Zum Einkochen verwendet man möglichst nur junges, zartes Gemüse. Ernten aus der Hauptwachstumszeit eignen sich besonders gut zum Einkochen. Gemüse aus dem eigenen Garten erntet man am besten in den Morgenstunden und bereitet nur so viel vor, wie am gleichen Tag eingekocht werden kann. Das gleiche gilt für gekauftes Gemüse. Dabei ist es aber sehr wichtig, daß das Gemüse aus einer zuverlässigen Gärtnerei bezogen wird, denn das zum Einkochen bestimmte Gemüse darf weder mit Jauche noch mit Fäkalien gedüngt sein. Auch Kunstdünger ist schädlich, wenn er kurz vor dem Ernten gegeben wird und die Pflanze zu neuem Wachstum anregt. Gemüse, über dessen Herkunft man im Zweifel ist, sollte vor dem Einkochen auf jeden Fall vorgekocht werden (s. Grundrezept 2).

Sollte das zur Haltbarmachung bestimmte Gemüse bis zum nächsten Tag aufbewahrt werden müssen, so wird es über Nacht in einem kühlen Raum weit auseinandergebreitet gelagert. Zu warm oder in Haufen gelagertes Gemüse geht leicht in Gärung über, die sich nach dem Einkochen im Glas fortsetzt.

*Trübe Flüssigkeit,* die gleich nach dem Einkochen zu erkennen ist, bedeutet keinerlei Anlaß zur Besorgnis, da sie durch die Gemüsesorte bedingt ist. *Spätere Trübung* einer zuvor klaren Flüssigkeit oder weißer Bodensatz ist meist das Zeichen beginnenden Verderbs. Der Inhalt dieser Gläser darf keinesfalls verbraucht werden.

# Einmachkalender    Gemüse/Pilze

| | Januar | Februar | März | April | Mai | Juni | Juli | August | September | Oktober | November | Dezember |
|---|---|---|---|---|---|---|---|---|---|---|---|---|
| Blumenkohl | | | | | | | ■ | ■ | ■ | | | |
| Bohnen | | | | | | | ■ | ■ | ■ | | | |
| Erbsen | | | | | | ■ | ■ | ■ | | | | |
| Gurken | | | | | | | | ■ | ■ | | | |
| Möhren | | | | | | ■ | ■ | ■ | | | | |
| Paprika | | | | | | | | ■ | ■ | | | |
| Rotkraut | | | | | | | | | ■ | ■ | | |
| Sauerkraut | | | | | | | | | ■ | ■ | | |
| Schwarzwurzeln | | | | | | | | | ■ | ■ | | |
| Sellerie | | | | | | | | | ■ | ■ | ■ | |
| Spargel | | | | | ■ | | | | | | | |
| Tomaten | | | | | | | ■ | ■ | ■ | | | |
| Champignons | | | | | | ■ | ■ | ■ | ■ | | | |
| Maronenpilze | | | | | | | | ■ | ■ | ■ | ■ | |
| Morcheln | | | | ■ | | | | | | | | |
| Pfifferlinge | | | | | | ■ | ■ | ■ | ■ | | | |
| Steinpilze | | | | | | ■ | ■ | ■ | ■ | ■ | ■ | |

# Tabelle über Einkochzeiten für Gemüse und Pilze

Bei Verwendung normaler Einkochgläser 95 mm Weite bis 1¹/₂ l Inhalt, die angegebenen Zeiten gelten, sobald die vorgeschriebene Einkochtemperatur erreicht ist.

| Einkochgut | Einkochzeit | | Einkochtemperatur |
| --- | --- | --- | --- |
| | roh (Minuten) | vorgekocht (Minuten) | °C |
| Blumenkohl | 90 | 60 | 98 |
| Bohnen | 90 | 60 | 98 |
| Erbsen | 90 | 60 | 98 |
| Gurken | – | 30 | 98 |
| Möhren | 90 | 60 | 98 |
| Paprika | 60 | – | 98 |
| Rotkraut | 90 | 60 | 98 |
| Sauerkraut | 60 | – | 98 |
| Schwarzwurzeln | – | 90 | 98 |
| Sellerie | – | 80/90 | 98 |
| Spargel | 90 | – | 98 |
| Spargelbruch | – | 60 | 98 |
| Tomaten | 30 | – | 85 |
| Tomatenmark | 30 | – | 90 |
| Champignons | – | 60 | 98 |
| Maronenpilze | – | 60 | 98 |
| Morcheln | – | 60 | 98 |
| Pfifferlinge | – | 60 | 98 |
| Steinpilze | – | 60 | 98 |

*Grundrezept 1: für roh eingekochtes Gemüse*
Das Gemüse rasch in kaltem Wasser waschen (nicht wässern), putzen und zerkleinern, soweit in den einzelnen Rezepten angegeben. Das rohe Gemüse randvoll in die Einkochgläser füllen und mit klarem Wasser bis 2 cm unter den Glasrand aufgießen und einkochen. Die Einkochzeit für das Einkochen von rohem Gemüse ist in den einzelnen Rezepten angegeben.

*Grundrezept 2: für vorgekochtes Gemüse*
Das Gemüse rasch in kaltem Wasser waschen (nicht wässern), putzen und zerkleinern, soweit in den einzelnen Rezepten angegeben. Das Gemüse in klarem kochenden Wasser 3–5 Minuten vorkochen. Bei hellem Gemüse, z. B. Blumenkohl, empfiehlt es sich, dem Vorkochwasser etwas Zitronensaft oder Zitronensäure beizufügen. Aus dem kochenden Wasser herausnehmen, in die Einkochgläser füllen und mit frischem kochenden oder kalten Wasser aufgießen und einkochen.

## Blumenkohl

| | |
|---|---|
| *Blumenkohl* *Salzwasser* *Wasser* | von Blättern und Strunk befreien und $1/4$ Stunde in legen. In Röschen zerteilen und dicht aneinander in Einkochgläser schichten. Mit klarem, kaltem übergießen und einkochen. Gekaufter Blumenkohl sollte nach Grundrezept 2 behandelt, also vorgekocht werden. Einkochzeit: roh 90 Minuten, vorgekocht 60 Minuten bei 98°C. |

## Bohnen

| | |
|---|---|
| *Schneid- oder* *Brechbohnen* | kalt waschen, abziehen, brechen oder schnippeln (junge Bohnen ganz lassen). Roh in Gläser füllen und nach Grundrezept 1 einkochen. Gekaufte Bohnen nach Grundrezept 2 sterilisieren. Einkochzeit: roh 90 Minuten, vorgekocht 60 Minuten bei 98°C. |

# Erbsen

| | |
|---|---|
| *Erbsen*<br>*Wasser*<br><br><br>*Wasser* | (jung und gleichmäßig ausgereift) aushülsen, in kurz aufkochen lassen und im Sieb kalt abbrausen. Locker in Einmachgläser füllen, da die Erbsen noch quellen. Mit frischem, heißem oder kaltem bis 3 cm unter den Rand aufgießen und sofort einkochen. Rohe Erbsen nach Grundrezept 1 sterilisieren.<br>Einkochzeit: roh 90 Minuten, vorgekocht 60 Minuten bei 98°C. |

## Gurkengemüse (Schmorgurken)

| | |
|---|---|
| *Gurken*<br><br>*Salz-Essig-Wasser* | (reif) schälen, entkernen und in beliebig große Stücke schneiden. In leichtem fast gar kochen. Die Kochbrühe abseihen, die Gurken in Gläser füllen und mit Brühe übergießen. Sofort einkochen.<br>Einkochzeit: 30 Minuten bei 98°C. |

## Möhren (Karotten)

| | |
|---|---|
| *Möhren* | abbürsten oder schaben, kurz waschen und in Stifte, Scheiben oder Würfel schneiden. Kleine Möhren ganz lassen. Roh in Gläser füllen und ohne Wasser einkochen.<br>Einkochzeit: roh 90 Minuten, vorgekocht 60 Minuten bei 98°C. |

## Paprika-Tomaten-Gemüse

| | |
|---|---|
| *Grüne Paprikaschoten*<br><br>*Tomaten* | waschen, vierteln, von Stiel und Kernen befreien und in feine Streifen schneiden.<br>waschen, kurz in heißes Wasser halten und häuten. In Scheiben schneiden und mit den Paprikastreifen schichtweise bis etwa 3 cm unter den Rand in Gläser legen. Kaltes |

| | |
|---|---|
| *Wasser* | bis zu ³/₄ der Glashöhe einfüllen. Dicht verschließen und einkochen.<br>Einkochzeit: 60 Minuten bei 98° C. |

## Rotkraut

| | |
|---|---|
| *Rotkohl* | putzen und ohne Strunk feinschneiden oder hobeln. Mit |
| *Salz und Zucker* | bestreuen und mit etwas |
| *Essig* | übergießen. Gut vermengt über Nacht ziehen lassen. Am anderen Tag mit der Brühe in Einmachgläser füllen und einkochen.<br>Oder: den gehobelten |
| *Rotkohl* | kurz in |
| *Essigwasser* | aufkochen und abtropfen lassen, in Gläser füllen, mit klarem, heißem |
| *Wasser* | übergießen und sterilisieren.<br>Einkochzeit: roh 90 Minuten, vorgekocht 60 Minuten bei 98° C. |

## Schwarzwurzeln

| | |
|---|---|
| *Schwarzwurzeln* | (frisch) waschen, schaben, in gleich große Stücke schneiden und in leichtem |
| *Salz-Essig-Wasser* | nach Grundrezept 2 vorkochen. Abseihen und kurz mit kaltem Wasser abbrausen. Abtropfen lassen und in Gläser schichten. Mit Aufkochwasser übergießen und sterilisieren.<br>Einkochzeit: 90 Minuten bei 98° C. |

# Sellerie

| | |
|---|---|
| *Sellerie* | (frische, nicht zu große Knollen) von Laub und Wurzeln befreien und unter fließendem Wasser abbürsten. In leichtem |
| *Salzwasser* | fast gar kochen. Nach dem Auskühlen schälen, in nicht zu dünne Scheiben schneiden und in Gläser legen. Mit Aufkochwasser übergießen und einkochen. Einkochzeit: 90 Minuten bei 98°C. Oder: |
| *Sellerie* | putzen und in Würfel oder schmale Streifen schneiden. In leichtem |
| *Salz-Essig-Wasser* | mit |
| *1 Prise Zucker* | 5 Minuten kochen, abtropfen lassen und in Gläser füllen. Mit Kochflüssigkeit übergießen. Einkochzeit: 80 Minuten bei 98°C. |

# Spargel

| | |
|---|---|
| *Spargel* | (frisch) waschen und sorgfältig schälen. Je nach Glashöhe kürzen und in Einkochgläser stellen. Zweimal mit kochendem |
| *Wasser* | überbrühen und jeweils 10 Minuten ziehen lassen. Abgießen und erneut mit kochendem |
| *Wasser* | auffüllen. Gut verschließen und sterilisieren. Einkochzeit: 90 Minuten bei 98°C. |

# Spargelbruch

| | |
|---|---|
| *Spargel* | (frisch) waschen und sorgfältig schälen. In 3–4 cm lange Stücke schneiden. 10 Minuten lang in kochendes |
| *Wasser* | legen und in Gläser füllen. Kochendes |
| *Wasser oder* | |
| *Gemüsebrühe* | (falls der Spargel vor dem Ernten nicht gedüngt wurde) übergießen, verschließen und einkochen. Einkochzeit: 60 Minuten bei 98°C. |

## Tomaten, ganz

*Tomaten*

(nicht überreif) waschen, Blütenansatz entfernen. Sollen die Tomaten mit Schale eingekocht werden, mehrmals mit einem Holzstäbchen einstechen, damit sie beim Sterilisieren nicht platzen. Sonst die Tomaten kurz in kochendes

*Wasser*

legen und schälen. In Gläser füllen und mit klarem Wasser übergießen. Verschließen und sterilisieren. Sehr langsam erhitzen.
Einkochzeit: 30 Minuten bei 85°C.

## Tomaten, halbiert

*Tomaten*

waschen, große Früchte halbieren. Übereinander in Gläser schichten und ohne Zugabe von Flüssigkeit einkochen.
Einkochzeit: 30 Minuten bei 85°C.

## Tomatenmark

*Tomaten*

(reif bis überreif) in Stücke schneiden und ohne Flüssigkeitszugabe unter Rühren zu Brei kochen. Durch ein Sieb streichen. Die noch heiße Masse in Gläser füllen und einkochen.
Einkochzeit: 30 Minuten bei 90°C.

## Tomatenpaprika

siehe Paprika-Tomaten-Gemüse.

# Pilze

Alle eßbaren Pilze mit ihrem großen Gehalt an Eiweißstoffen und Nährsalzen eignen sich zum Einkochen. Sie lassen sich vorzüglich als Gemüse und Salat sowie als Zugabe zu Suppen, Soßen und Würzfleisch (Ragout) verwenden und sind eine Abwechslung im Speisezettel.
Zum Einkochen werden nur frisch gepflückte junge Pilze genommen. Die Pilze sind möglichst sofort nach dem Sammeln zu verarbeiten, da sie durch längeres Liegen leicht verderben. Die Pilze gut putzen. Soweit notwendig, werden Stiel, Hut und Lamellen abgeschabt. Bei jüngeren Pilzen ist das nicht erforderlich. Anschließend die Pilze in kaltem Salzwasser, das öfter zu erneuern ist, gründlich waschen.

## Champignons

| | |
|---|---|
| *Champignons* | (frisch und klein, nicht von frisch gedüngten Wiesen) putzen, die Lamellen nicht abschaben. In kaltes |
| *Zitronenwasser* | legen, damit die Pilze hell bleiben. Abtropfen lassen und im eigenen Saft etwa 10 Minuten im offenen Topf dünsten. Danach mit einem Schaumlöffel herausnehmen und heiß in Gläser füllen. Den Pilzsaft durchsieben und über die Champignons gießen. Sofort einkochen. |

Einkochzeit: 60 Minuten bei 98°C.

## Pfifferlinge

| | |
|---|---|
| *Pfifferlinge* | (möglichst frisch und jung) putzen. Kleine Pilze ganz lassen, größere halbieren oder in Scheiben schneiden. Gründlich waschen und abtropfen lassen. Mit wenig |
| *Wasser* | (Topfboden darf nur bedeckt sein) im eigenen Saft etwa 10 Minuten im offenen Topf dünsten. Die Pilze mit einem Schaumlöffel herausnehmen und sofort in Gläser füllen. Den Pilzsaft noch einige Minuten kochen lassen, durchsieben und über den Gläserinhalt verteilen. Gut verschließen und sterilisieren. |

Einkochzeit: 60 Minuten bei 98°C.

# Steinpilze

*Steinpilze*

(frisch) putzen, dabei die braune Haut abziehen und die Röhrenlamellen entfernen. Kleine Pilze ganz lassen und nach Möglichkeit gesondert einkochen. Große Pilze halbieren, vierteln oder achteln. Die Pilze in kochendem

*Zitronenwasser*

4–5 Minuten vorgaren. Mit einem Schaumlöffel herausnehmen und sofort in Gläser füllen. Das durchgesiebte Kochwasser über die Pilze gießen. Gut verschließen und einkochen.
Einkochzeit: 60 Minuten bei 98° C.

# Das Einlegen und Einkochen von süß-saurem Obst und Gemüse

Von den verschiedenen Methoden, Lebensmittel durch Sterilisieren haltbar zu machen, hat das Einkochen süß-saurer Früchte und Gemüsesorten in letzter Zeit besonders viele Freunde gefunden.

Süß-saures schmeckt vorzüglich zu kaltem Braten, Wild, Geflügel, Fisch, Pasteten, Ragouts, Fondues und vielem mehr. Für die Zubereitung ist ein Sud, bestehend aus reinem Weinessig, Zucker oder Honig und Wasser, notwendig. Die Zugabe von Gewürzen, wie Ingwer, Estragon, Nelken, Zimt, Zitronenschale, Dill, Wacholderbeeren, Lorbeerblätter und dergleichen mehr, ist zu empfehlen. Die Gewürze können in einem Leinen- oder Mullsäckchen in den Sud gehängt, aus dem sie später wieder herausgenommen werden. Man kann die Gewürze auch lose in die Flüssigkeit geben, die dann über den Glasinhalt gegossen wird. Die eingelegten Früchte gewinnen dann während der Lagerzeit noch an Aroma.

Süß-saure Früchte und Gemüse kann man auf zweierlei Methoden haltbar machen: entweder durch Einkochen in Einkochgläser oder durch Einlegen. Für beide Methoden gelten die schon genannten Grundregeln für Einkochen und Einlegen. Zubereitungsarten und Sterilisierzeiten sind bei den einzelnen Rezepten angegeben.

# Tabelle über Einkochzeiten für süß-saures Obst und Chutneys

Bei Verwendung normaler Einkochgläser 95 mm Weite bis 1½ l Inhalt, die angegebenen Zeiten gelten, sobald die vorgeschriebene Einkochtemperatur erreicht ist.

| Einkochgut | Einkochzeit (Minuten) | Einkochtemperatur °C |
|---|---|---|
| Aprikosen | 30 | 80 |
| Birnen | 30 | 90 |
| Brombeeren | 30 | 75 |
| Heidelbeeren | 30 | 75 |
| Holunderbeeren | 30 | 75 |
| Kirschen | 30 | 80 |
| Quitten | 30 | 90 |
| Zwetschen | 30 | 75 |
| | | |
| Apfelsinenchutney | 30 | 80 |
| Aprikosenchutney | 30 | 80 |
| Tomaten-Paprika-Chutney | 30 | 80 |

# Obst, süß-sauer

## Aprikosen in Essig

*2 kg Aprikosen* — (nicht zu weich) waschen, halbieren und entsteinen. In einem Sud aus

*3/4 l Apfelessig,*
*1 kg Zucker,*
*1/4 l Wasser,*
*Mark von*
*1 Vanilleschote,*
*1 TL Zitronenschale* — (gerieben, von ungespritzten Zitronen),
*einigen Nelken,*
*1 Stück Stangenzimt* — und
*1/2 getrockneten*
*Ingwerwurzel* — kurz aufkochen. Mit einigen
*Kernen von*
*aufgeschlagenen*
*Aprikosensteinen* — in die vorbereiteten Gläser füllen. Den Sud dicklich einkochen und erkalten lassen, dann über die Früchte gießen. Nach einigen Tagen diesen Vorgang wiederholen. Beim dritten Mal den Sud durchsieben und erneut über die Aprikosen gießen. Gut verschlossen kalt stellen. Nach Wunsch sterilisieren.
Einkochzeit: 30 Minuten bei 80°C.
Haltbarkeit: eingelegt 6 Monate, eingekocht 2–3 Jahre.

## Birnen, süß-sauer

*2 kg Birnen* — schälen, halbieren und vom Kernhaus befreien. Die Fruchtstücke dicht in die Einkochgläser schichten.

*1 kg Zucker,*
*1/2 l Weinessig,*
*1 l Wasser,*
*6 Gewürznelken,*
*Zimt, Ingwer,*

| *Zitronenschale* | zu einem Sud kochen, erkalten lassen, abseihen und über die Birnen gießen. Gut verschließen und nach Wunsch einkochen.<br>Einkochzeit: 30 Minuten bei 90°C.<br>Haltbarkeit: eingelegt 6 Monate, eingekocht 2–3 Jahre. |

## Brombeeren, pikant

Siehe Holunderbeeren, pikant.

## Heidelbeeren, pikant

Siehe Holunderbeeren, pikant.

## Holunderbeeren, pikant

| *1 kg Holunderbeeren* | verlesen, waschen, mit |
| *250 g Kandis-Farin-Zucker* | vermischen und in Gläser füllen. Mit |
| *¹/₂ l gutem Weinessig, 200 g Kandis-Farin-Zucker, 1 Stück Ingwer, schwarzen Pfefferkörnern, Piment, 5 Nelken, 1 EL Meerrettich* | (gerieben), |
| *1 Zimtstange, etwas Muskatblüte* | 10 Minuten langsam kochen und dann auskühlen lassen. Durchsieben und über die Beeren gießen. Mit einem Teller bedecken und beschweren. Nach 2 Tagen den Sud nochmals aufkochen und nach dem Erkalten über die Früchte gießen. Dicht verschließen und nach Wunsch einkochen.<br>Einkochzeit: 30 Minuten bei 75°C.<br>Haltbarkeit: eingelegt 3–4 Monate, eingekocht 2–3 Jahre. |

## Kirschen, süß-sauer

*2 kg Kirschen*

waschen, abtropfen lassen, von den Stielen befreien und in die Einkochgläser füllen.

*1/4 l Weinessig,*
*1/2 l Wasser,*
*800 g Zucker,*
*6 Gewürznelken,*
*1 Zimtstange*

zu einem Sud kochen, erkalten lassen, abseihen und über die Kirschen gießen. Gut verschließen und nach Wunsch einkochen.
Einkochzeit: 30 Minuten bei 80°C.
Haltbarkeit: eingelegt 6 Monate,
eingekocht 2–3 Jahre.

## Quitten, süß-sauer

*2 kg Quitten*

mit einem Tuch abreiben, schälen, halbieren oder vierteln, vom Kernhaus befreien und in Einkochgläser füllen.

*1 kg Zucker,*
*1/2 l Weinessig,*
*1 l Wasser,*
*6 Nelken, Ingwer,*
*Zitronenschale*

zu einem Sud kochen, erkalten lassen, abseihen und über die Quitten gießen. Gut verschließen und nach Wunsch einkochen.
Einkochzeit: 30 Minuten bei 90°C.
Haltbarkeit: eingelegt 6 Monate,
eingekocht 2–3 Jahre.

## Senfzwetschen

*2 kg Zwetschen*

waschen, abtrocknen, aufschneiden, den Kern entfernen, die Früchte aber nicht halbieren.

*1/2 l Rotwein,*
*1/4 l Essig,*
*250 g Zucker (Kandis),*

| | |
|---|---|
| *1 Zimtstange,* | |
| *6 Gewürznelken,* | |
| *1 Handvoll Senfkörner,* | dünn abgeschnittene |
| *Schale von 1 Apfel-* | |
| *sine und 1* | aufgeschnittene |
| *Vanillestange* | aufkochen. Die Zwetschen portionsweise 3 Minuten in den Sud legen und in Gläser füllen. Den Saft dazugießen. Gut verschließen und nach Belieben sterilisieren. Einkochzeit: 30 Minuten bei 75° C. Haltbarkeit: eingelegt 6 Monate, eingekocht 2–3 Jahre. |

## Zwetschen, süß-sauer

| | |
|---|---|
| *2 kg Zwetschen* | waschen, gut abtropfen lassen und in Einkoch-gläser füllen. |
| *1 kg Zucker,* | |
| *1/2 l Weinessig,* | |
| *1 l Wasser,* | |
| *6 Gewürznelken,* | |
| *Zimt, Ingwer,* | |
| *Zitronenschale* | zu einem Sud kochen, erkalten lassen, abseihen und über die Zwetschen gießen. Gut verschließen und nach Wunsch einkochen. Einkochzeit: 30 Minuten bei 75° C. Haltbarkeit: eingelegt 6 Monate, eingekocht 2–3 Jahre. |

# Chutneys

Chutneys haben fast immer Obst als Grundlage. Man kann sie als Würz-kompotte bezeichnen, deren Ursprung in Indien zu suchen ist, wo Chutneys zu verschiedenen Gerichten fast täglich gegessen werden. Aber auch in der deutschen Küche hat man eine Vielzahl von Verwendungsmöglichkeiten gefunden. Diese pikant-würzigen Extras schmecken vorzüglich zu gedünste-tem oder gebratenem Fisch, zu Geflügel aller Art, zu Fondues und allem

Gegrillten. Auch als Beigabe zu Wildgerichten, zu Lamm- und Hammelfleisch, zu allen Braten und verschiedenen Würsten, sogar zu Frikadellen werden sie gereicht. Sehr appetitanregend und schmackhaft sind sie in Verbindung mit Vorspeisen, zum Beispiel bei Reis- und Nudelgerichten, Salaten und Pasteten.

## Apfelsinenchutney

*1 kg Apfelsinen* mit einem Spargelschälmesser dünn schälen. Die Schalen in feine Streifen schneiden, die weiße Haut der Früchte entfernen, die in Spalten aufgeteilten Apfelsinen in kleine Stücke schneiden.

*500 g Äpfel* (saure Sorte) schälen, entkernen und würfeln.

*500 g Preiselbeeren* verlesen, waschen und abtropfen lassen. Es kann auch Kompott genommen werden. Alles mit

*1/2 I Rotwein,*
*1/4 I französischem*
*Weinessig,*
*700 g Kandis-*
*Farin-Zucker,*
*je 1 TL Salz,*
*gemahlenem*
*Zimt und Piment,*
*je 1/2 TL Ingwer-*
*pulver und*
*geriebener*
*Muskatnuß* unter Rühren zum Kochen bringen und bei schwacher Hitze in 50–60 Minuten eindicken. In Gläser füllen und gut verschließen. Nach Belieben einkochen.
Einkochzeit: 30 Minuten bei 80°C.
Haltbarkeit: eingelegt 4–6 Monate, eingekocht 1 Jahr und länger.

Werden Chutneys in Gläsern aufbewahrt, legt man auf das Eingelegte ein Blättchen mit hochprozentigem Alkohol getränktes Cellophan. Sind keine guten Lagerbedingungen gegeben, sollten Chutneys eingekocht werden.

# Aprikosenchutney

| | |
|---|---|
| *2 kg Aprikosen* | waschen, halbieren, entsteinen und in 1–2 cm große Stückchen schneiden. |
| *500 g Zwiebeln* | schälen, fein würfeln und in |
| *5 EL Olivenöl* | glasig dünsten. Die Aprikosenstücke, |
| *500 g Kandis-Farin-Zucker,* | |
| *1/4 l Weißwein,* | |
| *1/8 l Estragonessig,* | |
| *Salz, Lemon Pepper,* | (zerriebenen) |
| *Thymian und* | |
| *Rosmarin,* | |
| *je 1 EL Kurkuma,* | |
| *Ingwer- und Senfpulver* | zu den Zwiebeln in den Topf geben. Alles in 40 bis 50 Minuten bei kleiner Hitze und unter ständigem Umrühren eindicken. Danach in vorbereitete Gläser füllen und nach Wunsch einkochen. Gut verschlossen kühl und dunkel aufbewahren. Einkochzeit: 30 Minuten bei 80°C. Haltbarkeit: eingelegt 4–6 Monate, eingekocht 1 Jahr und länger. |

# Tomaten-Paprika-Chutney

| | |
|---|---|
| *1 kg reife Tomaten* | kurz in kochendes Wasser legen, häuten und mit |
| *1/4 l Estragonessig* | übergießen. Eine Nacht zugedeckt stehenlassen. Am nächsten Tag in kleine Würfel schneiden. |
| *Je 1/2 kg rote und grüne Paprikaschoten* | waschen, halbieren, von Stielen und Kernen befreien und in schmale Streifen schneiden. |
| *1 kg Zwiebeln* | schälen und kleinschneiden. |
| *10 große Knoblauchzehen* | schälen und durchpressen, etwas |
| *Salz* | dazugeben und ziehen lassen. |
| *2 Bund Petersilie,* | |
| *1 Bund Dill* | waschen, abtropfen lassen und grob hacken. |

| | |
|---|---|
| *250 g Korinthen* | waschen und in etwas |
| *Obstessig* | einweichen. Die zerkleinerten Zwiebeln in |
| *¹/₄ l Olivenöl* | in einem großen Topf erhitzen. |
| *1 Zimtstange,* | |
| *15 Nelken,* | |
| *10 Wacholderbeeren,* | |
| *5 Lorbeerblätter,* | |
| *10 Pimentkörner,* | |
| *¹/₂ TL Chilipulver,* | |
| *1 TL Senfmehl,* | |
| *3 TL Salz,* | |
| *500 g Kandis-* | |
| *Farin-Zucker, und* | |
| *¹/₂ l Obstessig* | dazugeben, kurz kochen lassen. Alle vorbereiteten |

Zutaten hinzufügen und 40–50 Minuten kochen.
Umrühren nicht vergessen. Gut verschließen und
nach Belieben einkochen.
Einkochzeit: 30 Minuten bei 80°C.
Haltbarkeit: eingelegt 4–6 Monate,
eingekocht 1 Jahr und länger.

# Tabelle über Einkochzeiten für süß-saure Gemüse und Relishes

Bei Verwendung normaler Einkochgläser 95 mm Weite bis 1½ l Inhalt, die angegebenen Zeiten gelten, sobald die vorgeschriebene Einkochtemperatur erreicht ist.

| Einkochgut | Einkochzeit (Minuten) | Einkochtemperatur °C |
|---|---|---|
| Artischocken | 30 | 75 |
| Auberginen | 30 | 80 |
| Blumenkohl | 60 | 98 |
| Bohnen | 60 | 98 |
| Gurken | 30 | 75 |
| Kürbis | 30 | 75 |
| Mixed Pickles | 30 | 80 |
| Möhren | 30 | 75 |
| Paprikasalat | 25 | 85 |
| Paprikaschoten | 30 | 90 |
| Pfefferschoten | 30 | 90 |
| rote Rüben | 30 | 80 |
| Zucchini | 30 | 80 |
| Zwiebeln | 30 | 80 |
| | | |
| gemischte Pilze | 60 | 98 |
| Gemüserelish | 30 | 80 |
| Gurkenrelish | 30 | 80 |

# Gemüse, süß-sauer

## Artischocken in Wein und Öl

*2 kg Artischocken* (jung) von harten Außenblättern und Stielen befreien. Die übrigen Blätter werden gekürzt. Jede vorbereitete Artischocke sofort in

*Zitronenwasser*
*(etwa 3 Zitronen)* legen.
*8–10 Knoblauchzehen* schälen, durchpressen, mit
*Salz, grünem Pfeffer,*
*frischer Minze,* kleingehackter
*Petersilie,* grob geschnittenem
*Schnittlauch,*
*etwas Salbei* und
*Zucker* vermengen. Die Artischocken vorsichtig aus dem Zitronenwasser nehmen, abtropfen lassen und die Blätter etwas auseinanderdrücken. In die entstandene Höhlung die Kräuter-Knoblauch-Mischung füllen und die Blätter leicht zusammendrücken.

*1/4 l Olivenöl* langsam erhitzen und die Artischocken hineinsetzen.

*1/2 l herben Weißwein* mit etwas
*Zitronensaft* versetzt dazugießen. Sollten die Artischocken nicht ganz mit der Flüssigkeit bedeckt sein, noch etwas Wasser hinzugeben. Etwa 30 Minuten garen. Danach die Artischocken mit dem Sud in Gläser füllen und obendrauf

*1–2 EL Olivenöl* geben. Abkühlen lassen und gut verschließen. Kühl aufbewahren (eventuell im Kühlschrank).
Sollen die Artischocken sterilisiert werden, legt man sie nach dem Füllen in die vorbereiteten Gläser und übergießt sie mit dem Weißweinsud. Das Öl kann weggelassen werden.
Einkochzeit: 30 Minuten bei 75°C.
Haltbarkeit: eingelegt bis zu 6 Wochen, eingekocht 2–3 Jahre.

## Auberginen in ÖL

| | |
|---|---|
| 2 kg Auberginen | unter fließendem Wasser abbürsten, von Stengel und Blütenansatz befreien, nicht schälen. Das Gemüse halbieren und in fingerlange Stifte oder in Scheiben schneiden. |
| 300 g Zwiebeln | schälen, grob hacken und in |
| 1/4 l Olivenöl | 5–7 Minuten andünsten. Die Auberginen dazugeben und 5 Minuten mitdünsten. Mit |
| 7 EL Estragonessig, Salz, etwas Zucker, grünem Pfeffer, Basilikumblättern, | |
| 1/2 TL Fenchelsamen | und |
| 4 EL Kapern | würzen. Zugedeckt 15 Minuten bei kleiner Hitze schmoren lassen. Alles in Gläser füllen und dicht verschließen. |

Sollen die Auberginen eingekocht werden, läßt man sie mit den Gewürzen nur 5 Minuten bei kleiner Hitze schmoren.

Einkochzeit: 30 Minuten bei 80° C.

Nicht sterilisiert lassen sich die Auberginen in Einkochgläsern mit Ring, Deckel und Bügelverschluß oder in vorschriftsmäßig zugebundenen Gläsern sehr gut im Kühlschrank aufbewahren. Dieses pikante Gericht findet vielfache Verwendung, zum Beispiel als Vorspeise mit Oliven, Schafskäse, eingelegten Tomaten und Zwiebeln in Öl. Auch zu einer Joghurt-Knoblauch-Speise schmeckt es vorzüglich. Innerhalb von 3–4 Wochen sollten die nicht sterilisierten Auberginen verbraucht werden.

## Auberginen, Zucchini und Paprika in Öl

| | |
|---|---|
| Je 1 kg Auberginen, Zucchini | und |
| Paprikaschoten | säubern, von Stengeln befreien, in Scheiben oder Streifen schneiden und lagenweise mit |
| Salz | bestreuen. Etwa 30 Minuten bedeckt ziehen lassen, dann kurz kalt abbrausen und abtropfen lassen. |

| | Mindestens |
|---|---|
| 10–12 große Knoblauchzehen | schälen und durch die Knoblauchpresse drücken. |
| | In |
| 1/2–3/4 l Olivenöl | anschwitzen, die Gemüsescheiben und -streifen dazugeben und ohne Deckel bei kleiner Hitze etwa 20 Minuten schmoren. |
| 1 EL Zucker, 1 EL Oregano, 1/2 EL Majoran, 1/2 EL Basilikum 1/2 EL Thymian | und zum Schluß hinzufügen. |

Das Gemüse mit einem Schaumlöffel aus dem Öl nehmen und in Gläser schichten. Das Öl auf die Gläser verteilen und diese gut verschließen. Beim Anrichten evtl. noch mit etwas Salz abschmecken. Haltbarkeit: nicht länger als 2 Monate.

## Blumenkohl, pikant bis scharf

| 2 Blumenkohlköpfe | gründlich waschen, in Röschen zerteilen und in leicht gesalzenem |
|---|---|
| Wasser | 5–10 Minuten kochen. Abtropfen lassen und mit einer Marinade, bestehend aus |
| 3–4 Tassen Olivenöl, 1 EL Salz, 1 TL Paprika (süß), 1 Messerspitze Chilipulver, je 1/2 TL Koriander, Thymian, Senfpulver und Curry, 2 EL Zucker, 1 TL Pfeffer (grün), etwas Meerrettich etwas Rosmarin, | (klein geraspelt) und übergießen. |

Zugedeckt eine Nacht ziehen lassen, in Gläser füllen, gut verschließen und einkochen.
Einkochzeit: 60 Minuten bei 98°C.

# Bohnen, pikant

| | |
|---|---|
| *2 kg Wachsbohnen* | waschen, abtropfen lassen, abziehen und einmal brechen. |
| *500 g Zwiebeln* | schälen, grob zerkleinern und zusammen mit den Bohnen in kochendes |
| *Wasser* | geben. Nach 7 Minuten mit einem Schaumlöffel herausnehmen, abtropfen lassen und lagenweise mit |
| *Salz* | bestreut in Gläser schichten. 48 Stunden kühl aufbewahren, die in dieser Zeit gezogene Flüssigkeit abgießen. Aus |
| *Zucker, 1 l rotem Weinessig, Lorbeerblättern, Gewürznelken, Senf- und Pfefferkörnern, Knoblauchzehen frischem Estragon* | und einen Sud bereiten, kurz aufkochen lassen und über die Bohnen gießen. Nach Vorschrift sterilisieren. Einkochzeit: 60 Minuten bei 98° C. |

# Essiggurken

| | |
|---|---|
| *3 kg Gurken (kleine Sorten)* | unter fließendem kalten Wasser abbürsten, schadhafte Stellen ausschneiden. Mit wenig |
| *Salz* | bestreuen und über Nacht kalt stellen. Mit |
| *Dill, Estragon, 1 kleinen Lorbeerblatt, 1 TL Senfkörnern, 3–4 Pfefferkörnern, Perlzwiebeln oder Zwiebelscheiben etwas Zucker* | und dicht in Einkochgläser schichten. |
| *1 l Essig* | mit |
| *1 l Wasser* | verdünnen und die Gurken damit begießen. Nach Vorschrift einkochen. Einkochzeit: 30 Minuten bei 75° C. |

## Gurken mit Knoblauch

| | |
|---|---|
| *2 kg Gurken* | (nicht überreif) schälen, vierteln, von Kernen befreien, zerteilen und mit |
| *Salz* | bestreuen. 48 Stunden kühl stellen. Danach den Saft, der sich gebildet hat, abgießen, die Gurkenstücke leicht abtrocknen und lagenweise mit Kräutern und Gewürzen wie |
| *schwarzen und weißen Pfefferkörnern, Lorbeerblättern, Kümmel, Fenchel, Basilikum, Meerrettich, Schalotten, Gartenkresse, sehr viel Knoblauch* | und |
| *wenig spanischem Pfeffer (2–3 Schoten, da sehr scharf)* | in Gläser einschichten. Einen Sud aus |
| *$^1/_2$–$^3/_4$ l Weinessig, etwas Wasser* | und |
| *Zucker* | zubereiten und über die Gurken gießen. Vor dem Verschließen in jedes Glas |
| *1–2 EL Olivenöl* | geben. Sollen die Gurken eingekocht werden, kann man das Öl weglassen. Einkochzeit: 30 Minuten bei 75°C. Haltbarkeit: eingelegt bis zu 6 Wochen, eingekocht 1 Jahr und länger. |

## Gurken, süß-sauer

| | |
|---|---|
| *3 kg Gurken* | (kleine Sorten) unter fließendem kaltem Wasser abbürsten, schadhafte Stellen ausschneiden. Mit wenig |
| *Salz* | bestreut über Nacht kalt stellen. Mit Gewürzen wie |
| *Estragon, Dill, Meerrettich, 1 TL Senfkörnern, einigen Gewürznelken,* | |

| 1 Lorbeerblatt | dicht in Gläser schichten. Aus |
| 1 l Wasser, 1 l Essig | und |
| 250–300 g Zucker | einen Sud bereiten und erkalten lassen. Dann über die Gurken gießen. Gut verschlossen sterilisieren. Einkochzeit: 30 Minuten bei 75°C. |

## Kürbis, süß-sauer

| 2 kg Kürbis | teilen, mit einem Löffel die Kerne entfernen und das Fruchtfleisch in fingerlange Stücke schneiden. Über Nacht in schwachen |
| Kräuteressig | legen, abtropfen lassen. Aus |
| ¹/₂ kg Zucker, | |
| ¹/₄ l Wasser, | |
| ¹/₄ l Kräuteressig, Salz, | |
| je 2 TL Zitronat und | |
| Orangeat | (feingewürfelt), |
| 1 Stück Ingwerwurzel, | |
| einigen Nelken, | |
| 2 Zimtstangen | einen Sud bereiten und die Kürbisstücke darin vorkochen. In Gläser füllen, mit der Flüssigkeit übergießen und einkochen. Einkochzeit: 30 Minuten bei 75°C. |

## Mixed Pickles (Gemüseallerlei in Essig)

| 2 kg verschiedenes Gemüse: | |
| kleine Gurken | unter fließendem Wasser abbürsten, mit wenig |
| Salz | bestreuen und über Nacht stehenlassen. |
| Kleine Möhren | abbürsten und, wenn nötig, schaben. |
| Blumenkohl, | |
| junge Bohnen, | |
| Sellerie, junge Erbsen, | |
| Paprikaschoten, | |
| Perlzwiebeln | und |
| Schalotten | säubern, kochfertig zerkleinern und getrennt in einer Mischung aus |

| | |
|---|---|
| *¹/₂ l Wasser, ¹/₂ l Essig* | und |
| *10 g Salz* | vorkochen. Das Gemüse schichtweise in Gläser füllen. Aus |
| *1 l Essig, Zucker,* | |
| *Salz, Pfeffer- und* | |
| *Senfkörnern,* | |
| *¹/₄ Stange Meerrettich,* · | |
| *je 1 Bund Dill,* | |
| *Basilikum* | und |
| *Estragon* | einen Sud kochen und diesen abgekühlt über das Gemüse gießen. Gut verschließen und einkochen. Einkochzeit: 30 Minuten bei 80°C. |

## Möhren mit Fenchel (Finocchi)

| | |
|---|---|
| *2 kg Möhren* | waschen, putzen und in Scheiben schneiden. |
| *Gemüsefenchel* | waschen und in dicke Scheiben zerteilen (sehr gut eignet sich der kleine »Florentiner«). Alles Gemüse in kochendem |
| *Salzwasser* | etwa 1 Minute ziehen lassen. Möhren und Fenchel zur gleichen Zeit herausnehmen, in einem Sieb abtropfen lassen und in die vorgesehenen Gläser füllen. |
| *Zwiebeln und* | |
| *Knoblauchzehen* | schälen und zerkleinern, mit |
| *¹/₂ l Estragonessig,* | |
| *Salz, Zucker, Kapern,* | |
| *Dill, Pfefferkörnern,* | |
| *Nelken, Lorbeer-* | |
| *blättern, Pimpinelle,* | |
| *Petersilie mit Wurzel* | und |
| *Kerbel* | mischen und einen Sud bereiten, der nach kurzem Aufkochen über das Gemüse verteilt wird. Die Gläser verschlossen und kühlgestellt etwa 1 Woche ruhen lassen. Danach den Vorgang wiederholen. Einkochzeit: 30 Minuten bei 75°C. Haltbarkeit: eingelegt bis zu 6 Wochen, eingekocht 1 Jahr und länger. |

## Paprikasalat

| | |
|---|---|
| *2 kg Paprikaschoten* | waschen, entstielen, entkernen und grob zerkleinern. |
| *¹/₂ l Kräuteressig* | mit |
| *¹/₂ l Wasser* | verdünnen und aufkochen. Nach Geschmack mit etwas |
| *Salz und Zucker* | versetzen. Die Schoten in den Sud geben und 5 bis 10 Minuten kochen. In Gläser füllen, mit Sud begießen und sterilisieren. Einkochzeit: 25 Minuten bei 85°C. |

## Paprikaschoten

| | |
|---|---|
| *2 kg grüne und rote Paprikaschoten (kleine)* | waschen, mit einem Tuch abreiben und ganz oder zerteilt in Gläser legen. Aus zerteilten Schoten die Kerne entfernen. |
| *1 l leicht gesalzenes Essigwasser* | über das Gemüse gießen. Gut verschließen und sterilisieren. Einkochzeit: 30 Minuten bei 90°C. |

## Paprika-Tomaten-Salat

Siehe Paprikasalat.

## Pfefferschoten

Es gilt das Rezept für Paprikaschoten. Einige Pfefferkörner mit einkochen.

## Rote Rüben (rote Bete, rote Rahnen)

| | |
|---|---|
| *1500 g Rübenknollen* | vom Kraut befreien (bis auf 2 cm), abbürsten und weichkochen. Die Rüben nicht verletzen, da sie sonst während des Kochens ausbluten. Die weichen Knollen abschrecken, schälen und in nicht zu dünne Scheiben schneiden. Mit kochendem |

| | |
|---|---|
| | Sud, bestehend aus |
| *500 g Zucker, etwas* | |
| *Salz, 1/2 l Wasser* | und |
| *1 l Weinessig* | übergießen. |
| *Nelken, Ingwer* | und |
| *Senfkörner* | in einen Mullbeutel hineingeben. Über Nacht durchziehen lassen. Am nächsten Tag abschmecken und mit |
| *je 1 Lorbeerblatt* | in Gläser füllen. Gut verschließen und einkochen. Einkochzeit: 30 Minuten bei 80°C. |

## Rote Rüben, pikant

| | |
|---|---|
| *2 kg rote Rüben* | waschen, vorsichtig kochen oder, was besser ist im Hinblick auf das Ausbluten, auf ein Backblech setzen und in 50–60 Minuten bei starker Hitze weichbacken. Nach dem Abkühlen schälen und in dünne Scheiben schneiden. Für den Sud |
| *1 l Weinessig,* | |
| *1/4 l Wasser,* | |
| *1/2 Stange Meerrettich* | (in kleine Stücke geschnitten), |
| *1 TL schwarze Pfeffer-* | |
| *körner, 1 TL Kümmel,* | |
| *2 Lorbeerblätter,* | |
| *6 Nelken, 150 g Zucker,* | |
| *1 TL Salz* | und |
| *3 große,* | in Scheiben geschnittene |
| *Zwiebeln* | verwenden. |
| | Die Gemüsescheiben in Gläser schichten und mit dem aufgekochten, erkalteten Sud übergießen. Einkochzeit: 30 Minuten bei 80°C. Haltbarkeit: eingelegt 3–4 Monate, eingekocht 1 Jahr und länger. |

## Spargel, eingelegt

| | |
|---|---|
| *2 kg Spargel* | nach Vorschrift schälen, von holzigen Stellen befreien und der Länge nach in einen Topf legen. |

| | |
|---|---|
| ¹/₂ l Wasser, | |
| 3 EL Zucker | und |
| 1–1¹/₂ EL Salz | dazugeben und 15–20 Minuten kochen. Danach den Spargel vorsichtig herausnehmen und abtropfen lassen. |
| ¹/₄ l Sud | abmessen und mit |
| 3 EL Zucker | und |
| ¹/₂ l Estragonessig | aufkochen. |
| Je 1 Bund Petersilie, Estragon, Kerbel, Schnittlauch, etwas Borretsch, Dill | und |
| Pimpinelle | waschen, abtropfen lassen, zerkleinern und mit |
| ¹/₄ l Olivenöl | vermischen. Mit dem auf Glashöhe gekürzten Spargel in die vorbereiteten Gläser geben. Den Sud darübergießen. Kühl aufbewahren. Vor dem Essen mit |
| Pfeffer und Muskat | abschmecken. Bald verbrauchen! |

## Zucchini in Öl

Siehe Auberginen in Öl.

## Zwiebeln, süß-sauer

| | |
|---|---|
| 3 kg kleine Zwiebeln | schälen, in kochendes |
| Salzwasser | legen, 8–12 Minuten ziehen lassen, abtropfen lassen und in die vorgesehenen Gläser füllen. Einen Sud aus |
| ¹/₂ l Weinessig, ³/₄ l Weißwein (herb), ¹/₂ l Wasser, 450 g Zucker, 1¹/₂ EL Salz, 1 EL schwarzen Pfefferkörnern, 2 EL Senfkörnern, 10 Gewürznelken | über die Zwiebeln gießen. Die Gläser verschließen |

und 5–6 Tage kühl stellen. Danach den Sud abgießen, nochmals kurz aufkochen und wieder heiß über die Zwiebeln gießen.
Einkochzeit: 30 Minuten bei 80° C.
Haltbarkeit: eingelegt bis zu 6 Wochen, eingekocht 1 Jahr und länger.

## Gemischte Pilze in Essig

| | |
|---|---|
| *2 kg Steinpilze,* | |
| *Pfifferlinge* | und |
| *Champignons* | gründlich putzen und waschen. Je nach Größe halbieren oder vierteln. |
| *Je 5 Stengel* | |
| *Estragon,* | |
| *Zitronenmelisse* | und |
| *Basilikum* | waschen und abtrocknen. Die Blätter von den Stielen zupfen und die Stiele mit |
| *³/₄ l Wasser,* | |
| *³/₄ l französischem* | |
| *Weinessig, Salz,* | |
| *Zucker, 3 Dilldolden,* | |
| *3 Lorbeerblättern,* | |
| *1 TL schwarzem und* | |
| *1 TL weißem Pfeffer,* | |
| *1 EL Senfkörnern* | und |
| *5 Knoblauchzehen* | (der Länge nach geschnitten), |
| *10 Nelken,* | |
| *200 g schwarzen* | |
| *Oliven und 500 g* | zerkleinerten |
| *Schalotten* | aufkochen. Zum Schluß die Pilze dazugeben. Nach 5 Minuten Kochzeit bei schwacher Hitze die Pilze mit einem Schaumlöffel herausnehmen. Estragon- und Basilikumstiele entfernen und die vorher abgezupften |
| *Kräuterblätter* | mit den Pilzen in Gläser schichten. Den erkalteten Sud mit den Gewürzen über die Pilze gießen. Die Gläser verschließen und kühl stellen. |

|                      | Nach 3–4 Tagen den Sud abseihen, erneut auf-kochen, abkühlen lassen und wieder über die Pilze verteilen. Dieser Vorgang sollte nach einer weiteren Woche wiederholt werden. Danach einkochen. Will man auf das Sterilisieren verzichten, oben auf jedes Glas |
|---|---|
| 1–2 EL Olivenöl      | geben. Gut verschließen und kühl aufbewahren. Einkochzeit: 60 Minuten bei 98°C. Haltbarkeit: eingelegt bis zu 6 Wochen, eingekocht 1 Jahr und länger. |

# Relishes

Relishes haben meist Gemüse als Grundlage, sehr oft beinhalten sie Zwiebeln in großer Menge. Die Konsistenz ist im Gegensatz zum Chutney flüssiger und gleicht eher einer Soße. Relishes werden deshalb auch gerne zur Soßenbereitung für Fleischgerichte verwendet. Auch Salatsoßen kann man mit Relishes aufbessern, zum Beispiel bei Kartoffel-, Bohnen- oder Fischsalaten. Zu Suppen und Aufläufen, egal ob Nudeln, Reis oder Kartoffeln verarbeitet werden, ja sogar in Quarkspeisen und auf Käse-Butter-Brot schmecken Relishes vorzüglich.

## Gemüserelish

| 1 Stange Staudensellerie | waschen und in kleine Stücke schneiden. |
|---|---|
| Bambussprossen | aus der Dose abgießen und in kleine Stifte schneiden. |
| 500 g Möhren | waschen, wenn nötig schaben, in kleine Stifte schneiden oder raspeln. |
| 500 g Tomaten | waschen und in Würfel schneiden. |
| 500 g Zwiebeln (Schalotten) | hacken und alles in |
| 1/4 l Olivenöl | erhitzen. |
| 10 Knoblauchzehen | durchpressen, mit |
| Salz | vermischt etwas ziehen lassen und zum Gemüse geben. |

*3 EL Kapern,*
*3 TL grünen Pfeffer,*
*1 TL Paprika (süß),*
*3 EL Orangen-*
*marmelade,*
*1 EL französischen*
*Senf, 200 g Zucker,*
*Salz, 1/4 l Rotwein-*
*essig, 1 TL Curry,*
*200 g grüne und*
*schwarze Oliven*      (entkernt und kleingehackt) zum Gemüse geben.
                       Alles in 45–55 Minuten durch langsames Kochen
                       eindicken. Zum Schluß soviel
*Portwein*             dazugeben, bis die Masse leicht vom Löffel läuft. In
                       Gläser füllen, gut verschließen und nach Wunsch
                       einkochen.
                       Einkochzeit: 30 Minuten bei 80°C.
                       Haltbarkeit: eingelegt 2–3 Monate (im Kühl-
                       schrank),
                       eingekocht 1 Jahr und länger.

## Gurkenrelish

*1 kg Salatgurken*     (möglichst kernlos) unter fließendem Wasser ab-
                       bürsten, von Stengel und Blütenansätzen befreien,
                       in kleine Würfel schneiden und mit
*1 TL Salz*            bestreuen.
*250 g Zwiebeln*       schälen, kleinhacken und zu den Gurken geben.
                       Eine Nacht ziehen lassen.
*2 dicke Boskopäpfel*  schälen, entkernen und in kleine Stücke schneiden.
                       Mit Gurken, Zwiebeln und
*2 TL grünem Pfeffer,*
*200 g Zucker,*
*1/4 l Kräuteressig,*
*4 Lorbeerblättern,*
*frischem Dill*        und
*Basilikum,*
*1/2 Stange*           frisch geriebenem

*Meerrettich*
*6*
*Knoblauchzehen*

*einigen Spritzern*
*Worcester- und*
*Minzsoße*

*Sherry*

und
gepreßten
zum Kochen bringen. Bei schwacher Hitze 25 bis
30 Minuten weiterkochen. Ist die Masse dicklich, mit

abschmecken und unter Rühren (nicht mehr
kochen lassen) soviel
beifügen, bis das Relish leicht vom Löffel fällt.
In Gläser füllen und nach Belieben einkochen.
Einkochzeit: 30 Minuten bei 80°C.
Haltbarkeit: eingelegt 2–3 Monate (im Kühlschrank),
eingekocht 1 Jahr und länger.

# Das Einkochen von Fleisch, Wurst und Pasteten

## Tabelle über Einkochzeiten für Fleisch, Wurst und Pasteten

Bei Verwendung normaler Einkochgläser 95 mm Weite bis $1^1/_2$ l Inhalt, die angegebenen Zeiten gelten, sobald die vorgeschriebene Einkochtemperatur erreicht ist.

| Einkochgut | Einkochzeit (Minuten) | Einkochtemperatur °C |
|---|---|---|
| **Fleisch:** | | |
| Gulasch | 90 | 98 |
| Pichelsteiner | 60 | 98 |
| Sauerbraten | 90 | 98 |
| Sülze vom Schwein | 60 | 98 |
| | | |
| **Wurst:** | | |
| Blutwurst | 60 | 98 |
| Bratwurst | 60 | 98 |
| Leberwurst | 60 | 98 |
| Schweinswurst | 120 | 98 |
| Zervelatwurst | 120 | 98 |
| | | |
| **Pasteten:** | | |
| Geflügelleberpastete | 90 | 98 |
| Kalbfleischpastete | 90 | 98 |
| Rehfleischpastete | 90 | 98 |
| Schweinefleischpastete | 90 | 98 |

Zum Einkochen eignet sich einwandfreies, frisches Fleisch jeder Art von gesunden Tieren. Das Fleisch notgeschlachteter Tiere, die mit Medizin behandelt oder mit Fischmehl gefüttert wurden, sollte nicht verwendet werden.

Das zum Einkochen bestimmte frische Fleisch mindestens einen Tag in einem kühlen Raum abhängen lassen. Größere Knochen ablösen, kleinere, zum Beispiel bei Koteletts, mit einkochen. Das Fleisch in glasgroße Stücke

schneiden. Fleisch kann sowohl roh und nur leicht gesalzen als auch vorgekocht, angebraten oder vorgedämpft eingekocht werden. Vorher zubereitetes Fleisch ist feiner im Geschmack. Man sollte es aber keinesfalls gar kochen oder braten, da es sonst beim Einkochen zu weich beziehungsweise zu faserig wird.

Heiß eingefülltes Fleisch, ebenso Wurst oder Wurstmasse, entweder sofort einkochen oder offen auskühlen lassen. Gläser niemals verschlossen bis zum Einkochen stehenlassen, da sonst der Inhalt »erstickt«. Er riecht dann dumpf und zerweicht im Glas.

Beim Einfüllen von Fleisch und Wurst muß unbedingt darauf geachtet werden, daß der Rand des Glases wie auch des Deckels völlig frei von Fett ist. Auch die Einkochringe dürfen niemals mit Fett in Berührung kommen, da sonst ein sicherer Verschluß des Glases in Frage gestellt ist. Aus dem gleichen Grund ist darauf zu achten, daß beim Einkochen das Wasser im Einkochtopf nicht zu stark sprudelt, da sonst, vor allem bei Wurstmasse, das Fett herauskochen kann und ein luftdichter Verschluß nicht zustande kommt.

Eingekochte Leberwurst verfärbt sich oben nicht, wenn eine dünne Scheibe Speck auf die Wurstmasse gelegt wird.

Bei Fleisch- und Wurstkonserven, die erst einige Wochen nach dem Einkochen aufgehen, erkennt man den verdorbenen Inhalt in den meisten Fällen an der veränderten Farbe und am üblen Geruch. Es kann aber vorkommen, daß bei aufgegangenen Einkochgläsern mit Fleisch oder Wurst diese Kennzeichen nicht vorhanden sind. Auch in diesem Falle den Inhalt nicht verwenden!

## Grundrezepte für das Einkochen von Fleisch und Wurst

### Rohes Fleisch:
Fleisch in glasgroße Stücke schneiden, salzen und würzen wie bei der Frischzubereitung. In Gläser füllen und mit klarem Wasser 2 cm hoch aufgießen. Gut verschließen und einkochen.

### Gekochtes Fleisch:
Fleisch in glasgroße Stücke schneiden, mit Suppenkräutern in kochendes Wasser legen und etwa 20–30 Minuten kochen. Das Fleisch noch heiß in

Gläser füllen, die gesiebte Brühe 2–3 cm hoch dazugeben. Gut verschließen und einkochen.

## Gebratenes Fleisch:

Geeignete Fleischstücke in glasgroße Portionen zerlegen, mit den Braten-zutaten in heißes Fett geben und von allen Seiten gleichmäßig anbraten. Noch heiß in Einkochgläser füllen. Das Bratenfett mit ein wenig heißer Knochenbrühe oder heißem Wasser aufgießen, einige Minuten durch-kochen, abseihen und 2–3 cm hoch in die Gläser füllen. Gut verschließen und einkochen. Die Bratenstücke sollen niemals im Glas ganz mit Flüssigkeit bedeckt sein. Der feine Bratengeschmack geht sonst verloren, und aus dem Braten wird Kochfleisch.

## Wurstmasse:

Die Wurstmasse wird nach Rezept zubereitet und bis zu $3/4$ der Glashöhe, bei hohen Gläsern bis 4 cm unter den Glasrand, eingefüllt. Gut verschließen und sterilisieren. Zum Einkochen bestimmte Wurstmasse darf nicht mit Streck-mitteln, wie Mehl, Brötchen, Kartoffeln oder Milch, zubereitet werden. Zwiebeln oder Schalotten erst beim Verbrauch frisch dazugeben.

## Würste im Darm:

Die Wurstmasse nach Rezept zubereiten und in Därme füllen. Die Würste werden in schwach siedendem Wasser vorsichtig gar gekocht, abgetrocknet und in Einkochgläser geschichtet. Nach Belieben etwas von der Brühe dazu-gießen. Gut verschließen und einkochen.

## Pökellake (für 6–7 kg Fleisch):

2 l Wasser mit 300 g Salz, 35 g Zucker, 5 g Salpeter und einigen Wacholder-beeren aufkochen. 1–2 Knoblauchzehen in feine Scheiben schneiden und zum Schluß mitziehen lassen. Große Fleischstücke zuerst mit der Schwarten-seite nach unten in die Pökellake legen. Schälrippchen, kleine Fleischstücke und alle Zutaten zu Sülze 4 Tage lang einpökeln, größere Fleischstücke bis zu 2 Wochen, kleine Schinken mit Knochen 3–4 Wochen, große Schinken mit Knochen 4–5 Wochen.

# Fleisch

## Pichelsteiner

*600 g Fleisch ohne*
*Knochen (je 150 g*
*Rind-, Kalb-, Hammel-*
*und Schweinefleisch)*    würfeln und mit einigen
*Markknochen*    in heißem
*Fett*    anbraten.
*³/₄ l Wasser*    angießen und das Fleisch fast gar kochen. Etwa
*1200 g Gemüse*
*(Sellerie, Möhren,*
*Porree, Zwiebeln,*
*Petersilienwurzeln*
*und Wirsing)*    in gleich große Stücke schneiden und 3 Minuten in
klarem
*Wasser*    vorkochen. Das Fleisch und Gemüse schichtweise
in Sturzgläser füllen, mit Brühe bis 2 cm unter den
Rand auffüllen und einkochen.
Einkochzeit: 60 Minuten bei 98°C.

## Gulasch

*Fleisch (von Rind, Kalb,*
*Hammel oder Schwein)*    in gleichmäßig große Stücke schneiden und in
heißem
*Fett*    anbraten. Sofort in Einkochgläser füllen. Mit wenig
heißer
*Knochenbrühe*    aufgießen. Gut verschließen und einkochen.
*Paprika und*
*Zwiebeln*    erst bei der Verwendung dazugeben.
Einkochzeit: 60 Minuten bei 98°C.

# Sauerbraten

| | |
|---|---|
| 1 kg Rindfleisch | |
| (Lende, Brust, | |
| Rücken) | portionieren und mit reichlich |
| Wurzelwerk, | |
| 1 Lorbeerblatt, | |
| 2 Nelken | und |
| 1 Zwiebel | (grob zerkleinert) in eine Beize aus |
| 1/8 l Essig | und |
| 3/8 l Wasser | legen. Nach 3–4 Tagen (zwischendurch wenden) das Fleisch herausnehmen, abtrocknen und nach Belieben mit |
| Speckstreifen | spicken. Von allen Seiten in heißem |
| Fett | bräunen und in Gläser füllen. |
| Bratensatz | mit etwas |
| Essigbeize | aufkochen und 2–3 cm hoch in die Gläser füllen. Nach Vorschrift einkochen. Einkochzeit: 90 Minuten bei 98°C. |

## Sülze vom Schwein

| | |
|---|---|
| Entfettete Schwarten, | |
| Kopffleisch, Zunge | und |
| 2 1/2 kg mageres | |
| Fleisch vom Schwein | 4 Tage lang in |
| Salzwasser | legen und dann in klarem |
| Wasser | weichkochen. Das Fleisch in feine Streifen schneiden. Die Flüssigkeit mit |
| 2 Lorbeerblättern, | |
| Muskatblüte, 4 Nelken | und |
| 2 Zitronen | (halbiert) anreichern und in 6–8 Stunden kochen. Abschmecken und erkalten lassen. Die kalte Brühe entfetten, wieder erwärmen und mit etwas |
| Weißwein und Essig | abschmecken. Das Fleisch in Gläser füllen und mit Brühe gut bedecken. Gut verschließen und einkochen. Einkochzeit: 60 Minuten bei 98°C. |

# Wurst und Pasteten

## Blut- und Rotwurst

| | |
|---|---|
| *1/2 Schweinskopf, fette Schwarten 2 kg fettes Schweinefleisch* | und<br><br>weichkochen und in feine Streifen oder Würfel schneiden. Anstelle von Fleisch nach Belieben rohen, halb ausgelassenen |
| *Speck* | verwenden. |
| *3–4 l Blut* | seihen und über das geschnittene Fleisch gießen. Mit |
| *Salz, Pfeffer, gemahlenen Nelken, Muskat oder Piment etwas Zucker* | <br><br>und<br>abschmecken. Die Wurstmasse in Sturzgläser füllen und vorsichtig einkochen. Aufpassen, daß die Masse nicht steigt und großporig wird.<br>Oder: Die Wurstmasse in Därme füllen und vorsichtig 45 Minuten sieden. In kaltem Wasser abschrecken und leicht pressen. Würste in Einkochgläser legen und einkochen.<br>Einkochzeit: ohne Darm 60 Minuten bei 98°C, mit Darm 60 Minuten bei 80°C. |

## Bratwurst

| | |
|---|---|
| *Schweinefleisch (durchwachsen) oder Abschnittfleisch* | von der Zurichtung der Bratenstücke roh 1–2mal durch den Fleischwolf drehen. Mit |
| *Salz, Pfeffer, Muskat* | und der abgeriebenen |
| *Schale von 1/2 Zitrone* | würzen. Den Teig gut kneten. Sturzgläser bis zu 3/4 der Glashöhe mit der steifen Wurstmasse füllen. Etwas nachdrücken, damit keine Lufträume bleiben. Gut verschließen und einkochen. |

| | Oder: Die Wurstmasse nicht zu fest in den |
|---|---|
| *Dünndarm* | füllen. Würste abdrehen und in heißem |
| *Wasser* | ziehen lassen, bis sie gar sind. Die Bratwürste in |
| | Einkochgläser schichten und einkochen. |
| | Einkochzeit: ohne Darm 60 Minuten bei 98°C, |
| | mit Darm 60 Minuten bei 80°C. |

## Leberwurst

| | |
|---|---|
| *Halsstich, Ohren,* | |
| *Schwanz, etwas* | |
| *Speck, Schwarten,* | |
| *Bauchfleisch, Milz* | und |
| *Netz vom* | |
| *Schwein* | in klarem |
| *Wasser* | nicht zu weich kochen. Danach kalt stellen. |
| *1/4 Schweinsleber* | in feine Streifen schneiden, mit kochender |
| *Brühe* | übergießen und so lange ziehen lassen, bis die |
| | Leberstreifen durch und durch weißlich erscheinen. |
| | Die Leber und die Fleischstücke durch den Fleisch- |
| | wolf drehen. So viel heiße Brühe dazugeben, bis die |
| | Fleischmasse dickflüssig ist. Mit |
| *Salz, Pfeffer, Majoran* | und |
| *etwas Zucker* | abschmecken. Sturzgläser 3/4 hoch mit der Wurst- |
| | masse füllen und sterilisieren. |
| | Oder: Leberwurst in den |
| *Darm* | füllen und 1 Stunde in heißem |
| *Wasser* | ziehen lassen. In Gläser füllen und einkochen. |
| | Einkochzeit: ohne Darm 60 Minuten bei 98°C. |
| | mit Darm 60 Minuten bei 80°C. |

## Leberwurst, fein

| | |
|---|---|
| *1/4 Schweinebauch* | und |
| *11/2 kg Kalbfleisch* | in klarem |
| *Wasser* | gar kochen. |
| *1/4 Schweinsleber* | in feine Streifen schneiden, mit heißer |
| *Brühe* | übergießen, bis die Leberstreifen durch und durch |

| | weißlich erscheinen. Mit dem Fleisch durch den Fleischwolf drehen. Mit |
|---|---|
| *Salz, Pfeffer, Muskat* | |
| *Majoran* | und abschmecken. So viel heiße Brühe dazugeben, bis die Fleischmasse dickflüssig ist. Sturzgläser zu ³/₄ mit der Leberwurst füllen und sterilisieren. Einkochzeit: 60 Minuten bei 98° C. |

## Schweinswurst, grob

| | |
|---|---|
| *1 Vorderschinken,* | |
| *2 kg Schweinefleisch* | und |
| *2 kg Rindfleisch* | einmal durch die grobe Scheibe des Fleischwolfs drehen. |
| *2 kg Speck* | in kleine Würfel schneiden und zur Wurstmasse geben. Mit |
| *Salz, ¹/₂ TL Salpeter,* | |
| *Muskat, Pfeffer,* | |
| *2 EL Pfefferkörnern,* | |
| *1 Glas Rotwein* | und der abgeriebenen |
| *Schale von 2 Zitronen* | abschmecken und sehr gut verkneten. Sturzgläser zu ³/₄ mit der Wurst füllen. Gut verschließen und einkochen. Einkochzeit: 120 Minuten bei 98° C. |

## Zervelatwurst

| | |
|---|---|
| *Je 2 kg fettes Rind-,* | |
| *Schweine- und* | |
| *Kalbfleisch* | zweimal durch den Fleischwolf drehen. Mit |
| *Salz, weißem Pfeffer,* | |
| *¹/₂ TL Salpeter* | und |
| *2 EL Zucker* | abschmecken und gut durchkneten. Bis zu ³/₄ der Höhe in Sturzgläser füllen und sterilisieren. Einkochzeit: 120 Minuten bei 98° C. |

## Geflügelleberpastete mit Weinbrand

| | |
|---|---|
| 500 g Schweinefleisch, | |
| 250 g entsehntes | |
| Kalbfleisch, | |
| 250 g fetten, | |
| frischen Speck | in Streifen schneiden. Mit |
| 2 TL Pastetengewürz | und |
| 1/10 l Weißwein | |
| (trocken) | mischen, zudecken und 4–5 Stunden kalt stellen. |
| 500 g Geflügelleber | mit |
| 1 TL Pastetengewürz | bestreuen. |
| 6 Schalotten | fein hacken und mit der Geflügelleber in |
| 50 g Butter | anbraten. Danach kalt stellen. |
| 1/10 l Weinbrand | |
| oder Cognac | zum Bratenfett gießen, anzünden und über die Leber verteilen. Fleisch, Speck und Geflügelleber zweimal durch die feine Scheibe des Fleischwolfs drehen und pikant abschmecken. Sturzgläser zu 3/4 füllen. Gut verschließen und einkochen. Einkochzeit: 90 Minuten bei 98°C. |

## Kalbfleischpastete mit Trüffeln

| | |
|---|---|
| 200 g Kalbfleisch | in 2 cm dicke Streifen schneiden. |
| 2 Schalotten | |
| oder 1 Zwiebel | kleinschneiden. Fleisch und Zwiebel mit |
| 1 TL Pastetengewürz | und |
| 1/8 l Weinbrand | |
| oder Weinbrand- | |
| Sherry-Gemisch | 2 Stunden zugedeckt ziehen lassen. |
| 2 Brötchen | (ohne Rinde) in etwas |
| Sahne | einweichen, ausdrücken und mit |
| 550 g Kalbfleisch | und |
| 250 g frischem | |
| fetten Speck | durch den Fleischwolf drehen. Mit |
| 2 Eigelb, | |

78

| | |
|---|---|
| *50 g gehackten* | |
| *Pistazien,* | den Schalotten und der Einlegeflüssigkeit vermischen. Diese Masse mit den eingelegten Fleischstreifen bis zu ³/₄ der Glashöhe in Sturzgläser füllen und einkochen.<br>Einkochzeit: 90 Minuten bei 98°C. |

## Rehfleischpastete

| | |
|---|---|
| *700 g Vorder- oder*<br>*Hinterschlegel und* | |
| *Bauchlappen* | häuten und in wenig |
| *Wasser* | gar, aber nicht zu weich dünsten. Das Fleisch ablösen, die |
| *Knochen* | auskochen. |
| *300 g Speck*<br>*oder gekochten* | |
| *Schweinebauch* | kochen und erkalten lassen. Zusammen mit dem Wildfleisch zweimal durch den Fleischwolf drehen. Mit der |
| *Knochenbrühe* | die Masse geschmeidig schlagen. |
| *100 g frisches Fett* | schaumig rühren. |
| *2 Eier* | untermischen und die Fleischmasse dazugeben. Mit |
| *4 EL Süd- oder*<br>*Weißwein,* | dem |
| *Saft von 1 Zitrone,* | |
| *weißem Pfeffer, Salz* | und |
| *Pastetengewürz* | abschmecken. Danach alles bis zu ³/₄ der Glashöhe in Sturzgläser füllen und sterilisieren.<br>Einkochzeit: 90 Minuten bei 98°C. |

## Schweinefleischpastete mit Champignons

| | |
|---|---|
| *2 Paar rohe*<br>*Bratwürste* | aus dem Darm streichen. |
| *1 Brötchen* | (ohne Rinde) in etwas |
| *Sahne* | einweichen und ausdrücken. Mit |

| | |
|---|---|
| 375 g Schweinehack | (grob) in eine Schüssel geben und gut verkneten. |
| 2 Zwiebeln | würfeln und in |
| 1 EL Butter oder | |
| Margarine | glasig dünsten. |
| 1 Knoblauchzehe | zerdrücken oder durchpressen. |
| 125 g Champignons | waschen, kleinschneiden und zu den Zwiebeln geben. Mit |
| Salz und Pfeffer | würzen, etwas auskühlen lassen. Zusammen mit |
| Pastetengewürz, | |
| 2 Likörgläsern | |
| Madeira oder | |
| Sherry | und |
| 2 Essiggurken | (fein gewürfelt) zu der Fleischmasse geben. Gut vermengen und pikant abschmecken. Sturzgläser zu $3/4$ mit der Masse füllen und einkochen. Einkochzeit: 90 Minuten bei 98°C. |

# Was man über die Herstellung von Gelee, Marmelade und Konfitüre wissen sollte

## Geliermittel oder Gelierhilfen

gibt es in pulverisierter oder flüssiger Form im Handel. Es sind natürliche Gelierstoffe (Pektine), die aus fleischigen, unreifen Früchten, wie Äpfel, Quitten und Zitronen, oder aus den Fruchtkernen des Johannisbrotbaumes gewonnen werden. Auch in Zuckerrüben ist dieser Gelierstoff enthalten.

Durch die Verwendung von Pektin zusammen mit Zucker und Fruchtsäure, die in fast allen Obstarten vorkommt, aber auch in Form von kristalliner Zitronensäure (Citropekt) der Packung beigefügt ist, wird ein schnelles Gelieren bewirkt.

Im Handel ist auch Gelierzucker erhältlich. Durch die wohldosierte Mischung verschiedener Komponenten (Zuckerraffinade, Wein- oder Zitronensäure, Apfelpektin und bei einem Produkt zusätzlich noch Vitamin C) spart man einen Arbeitsgang ein. Dieser Zucker geliert und süßt zugleich.

Für alle Geliermittel sprechen wichtige Gesichtspunkte. Durch die erhebliche Kürzung der Kochzeit gewinnt man nicht nur Zeit, sondern Vitamine und Geschmacksstoffe werden auch geschont.

Kochverluste sind von der Dauer der Kochzeit abhängig. Je länger die Masse gekocht wird, um so mehr Flüssigkeit verdampft; dabei geht wertvoller Fruchtsaft verloren, der ausschlaggebend für Geschmack und Aroma ist.

Der Quantitätsverlust bei einem Frucht-Zucker-Gemisch von etwa 2 kg beträgt bei einer Kochzeit von 30 Minuten 400–450 g.

## Tips zum guten Gelingen

● Das Obst muß einwandfrei und – sofern nicht anders gewünscht – voll ausgereift sein. Auf Sonderangebote sollte man nur eingehen, wenn sie auch den Qualitätsanforderungen entsprechen, das heißt, billig darf nicht mit preiswert verwechselt werden. Bei billiger Ware hat man meist viel Abfall.

● Zum Kochen der Früchte Edelstahl- oder Emailtöpfe verwenden. Sie dürfen innen nicht beschädigt sein. Schnelles Anhängen des Kochguts, Beeinträchtigung des Geschmacks und leichteres Verderben sind die Folge.

- Alle Geräte sollen nur für das Einkochen verwendet werden und sind vor jedem Gebrauch gründlich zu reinigen.
- Den Kochtopf nur bis zur Hälfte mit der Frucht-Zucker-Mischung füllen. Bei der Verwendung von 2 kg Obst und 2 kg Zucker sollte man einen 10-Liter-Topf benutzen, da beim Aufkochen Schaum entsteht. Beim Einfüllen in die Gläser kann er untergerührt werden; die Haltbarkeit beeinträchtigt er nicht.
- Umrühren ist während des Kochens erforderlich.

Zur Kontrolle des Gelierens gibt es 3 verschiedene Methoden:

1. Am einfachsten ist es, einen Teelöffel der heißen Fruchtmasse auf einen Teller zu geben und sie erkalten zu lassen. Beim Anstoßen mit dem Finger sollte sie fest sein und sich falten.
2. Wer schon etwas mehr Übung hat, wird den Gelierpunkt genau feststellen, indem er mit einem Holzlöffel in die kochende Fruchtmasse eintaucht, den Löffel herausnimmt und ihn einige Sekunden lang schief hält, so daß die Masse abtropfen kann. Läuft sie nicht mehr dünn vom Löffel, so ist der exakte Punkt erreicht.
3. Die genaueste Art festzustellen, ob der Gelierpunkt erreicht ist, ist die Benutzung eines Spezialthermometers. Es ist ratsam, das Thermometer vor und nach der Verwendung in heißes Wasser zu stellen. Man taucht es vorsichtig in die heiße Fruchtmasse ein (zuvor kurz umrühren), ohne mit der Kugel des Thermometers den Topfboden zu berühren. Bei einer Temperatur von 104–107°C ist der Gelierpunkt erreicht.

- Beim Erkalten der Fruchtmasse im Glas bilden die Gelierstoffe ein Pektingerüst, bestehend aus Molekülen. Je kleiner das Glas, desto dichter das Gerüst und desto besser die Konsistenz. Deshalb eignen sich zur Aufbewahrung von Konfitüre, Gelee und Marmelade kleine Gläser besonders gut.
- Das Fruchtgut heiß, aber nicht ganz randvoll in die mit einer Spüllauge (auch Spülmaschine) gereinigten und mit heißem Wasser nachgespülten Gläser einfüllen. Zum Schutz vor Bakterien die Gläser vor dem Einfüllen zum Abtropfen umgestülpt auf saubere Küchenhandtücher stellen oder mit heißem Wasser gefüllt stehenlassen. *Auf keinen Fall die Gläser abtrocknen!*
- Beim Einfüllen die Gläser auf ein feuchtes Tuch stellen. Die Gefahr, daß sie platzen könnten, ist somit behoben.
- Aus der Verwendung unterschiedlicher Glastypen ergeben sich ver-

schiedene Methoden des Verschließens. Eine bekannte Art ist die, von außen angefeuchtete Einmachhaut (-cellophan) über das Glas zu ziehen und es noch zusätzlich mit einem Bindfaden oder Gummiring zu befestigen.

● Mit Cellophan verschlossene Gläser sollten in kühlen luftigen und trockenen Räumen (Speisekammer, Schrank oder trockene Kellerräume) aufbewahrt werden. Der Kühlschrank, dort ist die Luftfeuchtigkeit zu hoch, eignet sich wenig.

● Marmeladen, Konfitüren und Gelees können auch sterilisiert werden. Dieser Mehraufwand an Arbeit lohnt sich nur, wenn die geschilderten guten Lagerbedingungen nicht gegeben sind. Das zusätzliche Sterilisieren verhindert Schimmelbildung und das vorzeitige Eintrocknen des Füllguts. Auch ist es für alle die angebracht, die mit weniger Zucker kochen wollen (Sterilisierzeit 30 Minuten bei 90° C).

● Gläser mit Twist-off-Verschlüssen, wie sie auch von der Industrie zum Beispiel für Sauerkonserven und Babykost benutzt werden, haben sich auch im Haushalt für die Aufbewahrung von Marmelade sehr gut bewährt. In der Handhabung sind sie sehr einfach. Nachdem das heiße Fruchtgut in die gesäuberten, vorgewärmten Gläser nicht ganz randvoll eingefüllt ist, setzt man den vorher ausgekochten Deckel auf und dreht ihn bis zum Anschlag fest zu. Um einen absolut luftdichten Abschluß zu bekommen, kann das Glas nun für einige Minuten oder besser noch bis zum völligen Erkalten (Gelieren) des Inhalts umgekehrt auf den Kopf gestellt werden. Ein Austrocknen, Schimmeln oder gar Gären des Fruchtguts ist bei dieser Methode kaum möglich.

● Eine endgültige Gelierung muß noch nicht am 4. Tag erfolgt sein. Deshalb sollte man nicht ungeduldig die Gläser schütteln oder gar darin rühren. Das Pektingerüst würde dadurch zerstört und das Gelieren erschwert oder gar nicht mehr möglich sein.

● Die Gläser beschriften und kühl lagern.

● Zu einer Schimmelbildung kann es unter anderem kommen, wenn Marmeladengläser (mit Einmachcellophan verschlossen) in Kellerräumen aufbewahrt werden, in denen auch leere Weinflaschen liegen. Doch ist wissenschaftlich erwiesen, daß Schimmel auf Marmeladen mit normalem Zuckergehalt von etwa 60% nicht gesundheitsschädlich ist. Den Inhalt dieser Gläser zu vernichten, ist nicht nötig; man hebt einfach großzügig die Schimmelschicht ab und verbraucht den Rest. Stellt man bei mehreren Gläsern mit gleichem Inhalt Schimmel an der Oberfläche fest,

sollte nach seiner Entfernung die Fruchtmasse erneut aufgekocht und nach Vorschrift wieder verschlossen werden.

- Bei Gläsern, die mit Einmachhaut verschlossen sind, kann es vorkommen, daß die Marmelade an der Oberfläche eingetrocknet oder sogar eingesunken ist. Durch Zugabe von etwas heißem Wasser oder Fruchtsaft kann der Inhalt wieder zu einer streichfähigen Masse gemacht werden. Ratsam ist es, das Wasser kurz vor Verzehr einzurühren.

# Geräte zur Saftgewinnung

## Dampfentsaften

Die Geräte zur Saftgewinnung sind meist mit säurefestem Email ausgestattet. Ohne nochmaliges Erhitzen kann der Saft sofort in Flaschen abgefüllt werden. Dieses Dampfentsaften ist nicht nur die wirtschaftlichste Art der Saftgewinnung im Haushalt, es bleiben auch die wichtigsten Nährwerte im Saft enthalten. Die säurefeste Emaillierung schließt jegliche Verfärbung des Saftes aus, gibt keinerlei Metallgeschmack ab und erhält das naturreine Aroma unverändert.

Beschreibung eines Saftgewinners und des Entsaftungsvorgangs: siehe Abbildung und Zeichnung.

*Der Wasserbehälter* wird bis zum Wulst mit kaltem oder heißem Wasser gefüllt und auf die Herdplatte beziehungsweise die Gasflamme gesetzt. Der Wasserbehälter hat einen plangepreßten Boden und ist daher für alle Herdarten (Gas-, Kohle- und Elektroherd) geeignet.

*Das Saftauffanggefäß* wird so auf den Wasserbehälter gesetzt, daß das Ablaufröhrchen in der Aussparung des Wasserbehälters sitzt, nachdem zuvor der dem Saftgewinner beigelegte Gummischlauch naß aufgeschoben und die dabei befindliche Schlauchklemme aufgesetzt wurde. Der Boden des Saftauffanggeräts ist kegelförmig hochgezogen und besitzt an der Spitze des Kegels eine Öffnung, durch die der Dampf aus dem Wasserbehälter nach oben steigen kann.

*Der Fruchtbehälter* wird in das Saftauffanggefäß eingesetzt, das zur Saftgewinnung vorbereitete Gut eingefüllt und mit dem Deckel geschlossen. Die Wände sowie der Boden des Fruchtbehälters sind mit Löchern versehen, damit der Dampf ungehindert von allen Seiten eindringen kann. Der Saft von Obst, Gemüse oder Kräutern wird dadurch frei, dringt durch die Löcher des Fruchtbehälters, sammelt sich im Saftauffanggefäß und kann dann mittels des Ablaufröhrchens direkt in Flaschen abgefüllt werden.

Die einzelnen Teile sind so aufeinander abgestimmt, daß der ganze Entsaftungsvorgang selbsttätig geschieht. Der Fruchtbehälter hat je nach Obstart ein Fassungsvermögen von 4–5 kg, und das Saftauffanggefäß kann in den meisten Fällen die ganze Menge (etwa 4 l) des gewonnenen Saftes aufnehmen, so daß ein vorzeitiges Abfüllen nicht notwendig ist. Lediglich bei besonders saftreichen Früchten wie Johannisbeeren, Himbeeren oder Sauerkirschen, empfiehlt es sich, etwa 10 Minuten nach Beginn der Entsaftungszeit

etwa 1 l Saft abzuzapfen. Auch der Wasserbehälter faßt die für die restlose Entsaftung benötigte Wassermenge.

Sobald das Wasser im Wasserbehälter kocht, beginnt die Entsaftungszeit. Das Wasser muß ständig kochen, um den zur Entsaftung notwendigen Dampf ununterbrochen zu entwickeln. Darauf achten, daß stets Wasser im Wasserbehälter ist, da sonst die Emaillierung abspringt.

Die gründlich gereinigten Flaschen werden in heißem Wasser vorgewärmt, desgleichen werden die ausgekochten Süßmostkappen oder Deckel in heißem Wasser keimfrei gehalten.

Nach einer Entsaftungszeit von 30–60 Minuten (je nach Rezept) muß der Saft sofort in die vorbereiteten Flaschen abgefüllt werden, denn nur solange er eine Temperatur von 75°C hat, ist er keimfrei. Die Flasche wird in einem flachen Gefäß so auf einen Stuhl vor den Herd gestellt, daß das Schlauchende des Ablaufröhrchens in die Flaschenmündung reicht. Die Schlauchklemme wird so lange geöffnet, bis die Flasche randvoll ist, wobei der sich bildende Schaum überlaufen kann.

Sofort nach dem Abfüllen werden die Flaschen verschlossen an einen zugfreien Ort zum Abkühlen gestellt. Danach werden sie beschriftet und in einem kühlen Raum stehend aufbewahrt. Nicht ganz volle Saftflaschen im Kühlschrank aufbewahren und baldigst verbrauchen, oder deren Inhalt zu Gelee verkochen.

## Roher Saft

Aus weichen und festen Früchten kann in Fruchtpressen ein natürlicher Saft gewonnen werden.

Handpressen eignen sich für die Verarbeitung kleinerer Mengen. Mit elektrischen Entsaftern hat man eine große Saftausbeute und in sehr kurzer Zeit einige Liter Gemüse- oder Obstsaft erhalten.

Frisch schmecken diese rohgepreßten Säfte am besten. Aber auch zur Weiterverarbeitung (Sterilisieren, Einfrieren und Gelee) sind sie geeignet. Allerdings erzielt man kein klares Gelee. Der Saft muß danach noch durch ein Safttuch laufen und vor der Weiterverarbeitung für Gelee ruhig stehengelassen werden, damit sich die trüben Bestandteile absetzen können.

## Gekochter Saft

Die vorbereiteten Früchte zerkleinern und mit der angegebenen Wasser-

menge aufkochen. Hierzu kann der Schnellkochtopf verwendet werden. Man rechnet für 2 kg Obst 1–2 Liter Wasser.

Den heißen Fruchtbrei schüttet man in ein Leinentuch, das in einen ausreichend großen Topf gehängt wird. Der abgelaufene Saft wird dann mit der gewünschten Zuckermenge vermischt, kurz aufgekocht und in die Saftflaschen gefüllt.

## Das Entsaften von Obst

Je reifer das Obst ist, desto aromatischer und ergiebiger wird der Saft. Es empfiehlt sich, milde Früchte mit herben zu mischen (Erdbeeren mit Johannisbeeren oder Rhabarber, Äpfel und Birnen mit Holunderbeeren).

Der je nach Rezept benötigte Zucker wird vor dem Entsaften zu den Früchten in das Saftauffanggefäß gegeben. Vor dem Abzapfen umrühren, damit eine gleichmäßige Süßung des Safts erreicht wird.

Fruchtsäfte, die zu Gelee weiterverarbeitet werden, *ohne* Zuckerzugabe entsaften. Hierzu eignen sich nur unreife Früchte, da diese mehr Pektin (Gelierstoff) enthalten. Pektinreiche Früchte sind: Johannisbeeren, unreife Äpfel und Quitten.

Die in nachstehender Tabelle angegebenen Zuckermengen gelten für trinkfertige Säfte.

Fruchtsäfte, die bei Gebrauch verdünnt werden, erfordern eine größere Zuckerzugabe. Als Anhalt gilt nachfolgende Regel:

---

Auf 1 kg süße Früchte 100–150 g Zucker,
auf 1 kg saure Früchte 200–250 g.

---

Roh gepreßte oder kalt gewonnene Säfte werden in Flaschen gefüllt, im Wasserbad des Einkochtopfes auf 72–75°C (nicht höher) 25 Minuten lang erhitzt und danach sofort mit Gummikappen nach Vorschrift verschlossen.

| Obstsorte | Zucker je kg Obst | Dampfzeit in Minuten | Vorbereitung des Entsaftungsguts |
|---|---|---|---|
| Äpfel reif/unreif | 20–50 g | 60 | Beerenobst: In kaltem Wasser waschen, abtropfen lassen, nach Belieben entstielen. |
| Aprikosen | 50 g | 60 | |
| Birnen | 50 g | 60 | |
| Brombeeren | 100 g | 30 | |
| Erdbeeren | 50 g | 30 | |
| Heidelbeeren | 100 g | 45 | Steinobst: Früchte waschen, entstielen, nach Belieben entsteinen, Sauerkirschen mit Stein entsaften. |
| Himbeeren | 50 g | 30 | |
| Holunderbeeren | 80 g | 30 | |
| Johannisbeeren, rot | 100 g | 45 | |
| Johannisbeeren, schwarz | 150 g | 45 | |
| Kirschen, sauer | 100 g | 45 | |
| Kirschen, süß | 50 g | 45 | Kernobst: Schlechte Stellen ausschneiden, Früchte waschen und ungeschält zerkleinern. |
| Pfirsiche | 50 g | 45 | |
| Pflaumen | 100 g | 45 | |
| Preiselbeeren | 100 g | 60 | |
| Quitten | 100 g | 60 | |
| Rhabarber | 100 g | 45 | Rhabarber: Stiele waschen und abtropfen lassen, ungeschält zerkleinern. |
| Stachelbeeren | 100 g | 45 | |
| Weintrauben | 50 g | 45 | |
| Zwetschen | 80 g | 45 | |

# Beerensaft

*insgesamt 5 kg Beerenfrüchte:*
*Himbeeren und Erdbeeren etwa 500 g Zucker,*
*Preiselbeeren, Stachelbeeren, Heidelbeeren, Holunderbeeren, Brombeeren*
*und rote Johannisbeeren etwa 900–1200 g Zucker,*
*schwarze Johannisbeeren etwa 1000–1400 g Zucker.*

Die Beeren vorsichtig waschen und gut abtropfen lassen. Entstielen ist nicht erforderlich. Mit dem Zucker in den Fruchtbehälter des Dampfentsafters füllen und nach den Anleitungen für Saftgewinnung zubereiten. Bei saftreichen Beeren (z. B. Johannis- und Himbeeren) sollte nach etwa 10 Minuten eine Flasche Saft abgezapft werden, damit der Saftbehälter nicht überläuft. Dieser stark gezuckerte Saft ist nicht trinkfertig. Man muß ihn vor dem Verbrauch noch verdünnen. Für trinkfertige Säfte reduziert sich die Zuckerzugabe um mehr als die Hälfte.
Entsaftungszeit: 30–40 Minuten.

# Kirschsaft

*bei 5 kg Sauerkirschen 600–800 g Zucker;*
*bei 5 kg Süßkirschen 400–500 g Zucker.*

Die Kirschen waschen, gut abtropfen lassen und entstielen. Entsteinen ist nicht erforderlich. Bei großen Obstmengen mit dem Dampfentsafter entsaften. Weitere Zubereitung dazu siehe Anleitungen Seite 103.

# Rhabarbersaft

*5 kg Rhabarber, 1 l Wasser, 1000–1600 g Zucker*

Den Rhabarber waschen, wenn nötig abziehen, kleinschneiden und mit der angegebenen Wasser- und Zuckermenge aufsetzen. Zum Kochen bringen und 45 Minuten langsam ziehen lassen. Danach in ein aufgehängtes Safttuch schütten und in eine darunterstehende Schüssel ablaufen lassen. Vor dem Einfüllen in die Saftflaschen bis zum Siedepunkt erhitzen. Sofort verschließen.

## Hagebuttensaft

*5 kg Hagebutten, 1–2 l Wasser, 800–1100 g Zucker*

Die Früchte von Stiel und Blüte befreien, zerschneiden und die Kerne entfernen. Mit dem Wasser aufkochen und bei mäßiger Hitze langsam weiterkochen. Den Fruchtbrei in ein gespanntes Leinentuch schütten und den Saft in eine Schüssel ablaufen lassen. Danach mit dem Zucker vermischen und aufkochen. Sofort in die vorbereiteten Flaschen füllen und verschließen.

## Sanddornsaft

*5 kg Sanddornbeeren, 1–2 l Wasser, 1000–1200 g Zucker*

Die vorbereiteten Beeren nach den Rezeptangaben von Hagebuttensaft weiterverarbeiten.

## Schlehensaft

*5 kg Schlehen, 1–2 l Wasser, 900–1100 g Zucker*

Schlehen nach dem ersten Frost pflücken und nach den Angaben bei Rhabarbersaft weiterverarbeiten.
Der gewonnene Schlehensaft kann beim Einfüllen in die Flaschen mit heißem Birnen- oder Apfelsaft vermischt werden. Aber auch kurz vor dem Trinken erzielt man mit einer Mischung aus 2 Teilen Schlehen-, 1 Teil Brombeersaft und 1 Teil Mineralwasser ein köstlich erfrischendes Getränk.

# Tabelle über Dampfzeiten und Zuckerzugaben bei der Saftgewinnung

**Zuckerzugabe auf 1 kg Früchte**

| Sorte | Dampfzeiten in Minuten | Zum Trinken g | Zum Verdünnen g |
|---|---|---|---|
| Äpfel | 60 | 50 | 100 |
| Aprikosen | 60 | 50 | 100 |
| Birnen | 60 | 50 | 100 |
| Brombeeren | 35 | 100 | 150–180 |
| Erdbeeren | 30 | 30– 50 | 100–130 |
| Hagebutten | 60 | 100–200 | 160–230 |
| Heidelbeeren | 40 | 100 | 150–200 |
| Himbeeren | 30 | 30– 50 | 100–150 |
| Holunderbeeren | 40 | 80–100 | 160–200 |
| Johannisbeeren | 40–50 | 150–200 | 180–250 |
| Kirschen (sauer) | 45 | 80–100 | 160–200 |
| Kirschen (süß) | 45 | 50 | 100 |
| Pfirsiche | 45 | 50 | 100 |
| Pflaumen | 65 | 50–100 | 120–180 |
| Preiselbeeren | 60 | 100 | 160–200 |
| Quitten | 60 | 100 | 180–200 |
| Rhabarber | 45 | 100–150 | 200–280 |
| Stachelbeeren | 45 | 80–100 | 160–200 |
| Weintrauben | 45 | 60–100 | 160–200 |
| Zwetschen | 45 | 50– 80 | 100–150 |

# Das Entsaften von Gemüse

Gemüsesäfte enthalten ebenso wie Obstsäfte wertvolle Nähr- und Aufbau-
stoffe, Vitamine und Mineralsalze und haben daher eine gesundheits-
fördernde Wirkung. Außer zum Trinken eignen sich Gemüsesäfte sehr gut
zum Würzen und Anreichern von Suppen und Soßen.

| Entsaftungsgut | Dampfzeit in Minuten | Vorbereitung des Entsaftungsguts |
|---|---|---|
| Gurken | 45 | Gurken schälen und in Stücke schneiden |
| Möhren | 60 | schaben und raspeln |
| Rettiche | 60 | waschen, putzen und raspeln |
| rote Rüben | 60 | waschen, nicht schälen, raspeln |
| Spargel (mit Abfallstücken und Schalen) | 60 | waschen und schälen, Abfallstücke kleinschneiden |
| Sellerie | 60 | Knollen und Blätter waschen und in kleine Stücke schneiden |
| Spinat (nur ungedüngt) | 45 | gut waschen und zerkleinern |
| Tomaten | 45 | waschen und in kleine Stücke schneiden |
| Zwiebeln | 60 | mit Schale entsaften; gut reinigen und zerkleinern |

# Das Entsaften von Kräutern

Gemüse und Kräuter können beliebig und je nach den vorhandenen Sorten
zusammen entsaftet werden.
Es eignen sich zum Beispiel: Möhren, Sellerieknollen und -blätter, Petersilien-
grün und -wurzeln, Zwiebeln, Tomaten, Liebstöckel und Kohlblätter.
Oder: Tomaten, Rettiche, Zwiebeln, Dill, Estragon, Kohlblätter, Spargel,
Brennesseln.
Oder: Wirsing, Möhren, Kohlrabi, Sellerieknollen, Lauch, Tomaten, Löwen-
zahn, Pimpinelle, Meerrettich.

| Entsaftungsgut | Dampfzeit in Minuten | Vorbereitung des Entsaftungsguts |
| --- | --- | --- |
| Brunnenkresse/ Gartenkresse | 60 | in leichtem Essigwasser waschen |
| Kerbel | 60 | vorsichtig waschen |
| Liebstöckel | 60 | vorsichtig waschen |
| Löwenzahn | 60 | junge Blätter verwenden, gut waschen und zerkleinern |
| Melisse | 60 | frische Blätter verwenden, zerkleinern |
| Petersilie | 60 | waschen |
| Pimpinelle/ Bibernelle | 60 | vorsichtig waschen |
| Salbei | 60 | vorsichtig waschen, abtropfen lassen |
| Sauerampfer | 60 | waschen und zerkleinern |
| Waldmeister | 60 | Stengel, Blätter und Blütenknospen waschen und zerkleinern |

## Die gesundheitsfördernde Wirkung von Säften

### Obstsäfte

*Apfelsaft* ist reich an Fruchtzucker und Mineralsalzen und deshalb zur Blut- und Nervenauffrischung geeignet. Ferner ist Apfelsaft bei allen Fieberkrankheiten, Darmträgheit, Arterienverkalkung, Gicht und Rheumatismus zu empfehlen. Sehr beliebt ist er auch als Erfrischungsgetränk.

*Birnensaft* entwässert den gesamten Organismus und beseitigt wassersüchtige Anschwellungen bei Kreislauf- und Nierenkranken.

*Brombeersaft* ist appetitanregend und stoffwechselfördernd.

*Erdbeersaft* ist verdauungsfördernd, hilft bei Gelenkrheumatismus sowie Gicht und fördert den Stoffwechsel.

*Heidelbeersaft* hilft gegen Magen- und Darmstörungen sowie gegen Blutarmut.

*Himbeersaft* ist appetitanregend und stoffwechselfördernd.

*Holunderbeersaft* hilft bei Erkältungserscheinungen und hat eine fiebersenkende und schweißtreibende Wirkung.

*Johannisbeersaft* ist gut bei Fieber sowie bei Darm-, Leber- und Nierenleiden. Schwarzer Johannisbeersaft lindert Keuchhusten.

*Rhabarbersaft* wirkt erfrischend, entschlackend und hilft bei Darmträgheit.

*Stachelbeersaft* hilft bei Gicht, Rheuma sowie Blutarmut und wirkt beruhigend.

*Traubensaft* hilft bei Ernährungsstörungen und ist gut geeignet für Entschlackungskuren.

## Gemüsesäfte

*Fenchelsaft* wirkt schmerzlindernd, krampflösend und beruhigend.

*Gurkensaft* wirkt reinigend auf Darm und Nieren. Er ist wassertreibend und gut in der Diät von Zuckerkranken zu verwenden.

*Möhrensaft* reinigt Magen und Darm, fördert den Stoffwechsel.

*Rettichsaft* hilft gegen Wassersucht sowie Darmträgheit und lindert zusammen mit Kandiszucker festsitzenden Husten.

*Rote-Rüben-Saft* regt die Tätigkeit des Darms, des Magens und der Leber an. Er ist blutreinigend, harntreibend und harnsäurelösend.

*Selleriesaft* ist gut gegen Rheuma, Gicht, Kreislaufstörungen, Nerven- und Blasenleiden.

*Spargelsaft* fördert die Verdauung, reinigt das Blut, ist harntreibend und wird bei Nierenleiden empfohlen.

*Spinatsaft* kann gegen Nierenleiden getrunken werden.

*Tomatensaft* hilft bei Leberleiden.

*Zwiebelsaft* ist harntreibend und lindert zusammen mit Zucker Husten.

## Kräutersäfte

*Beifußsaft* fördert die Fettverdauung, ist reinigend und abführend. Besonders geeignet für Diabetiker.

*Brennesselsaft* wird bei Bronchialkatarrh und Rheuma gegeben.

*Brunnenkressesaft* wirkt anregend, harntreibend, magenstärkend, abführend und blutbildend.

*Kerbelsaft* wird gern bei Frühjahrskuren getrunken. Er regt die Drüsentätigkeit an.

*Liebstöckelsaft* hilft bei Magen- und Verdauungsbeschwerden.

*Melissensaft* wirkt beruhigend auf Herz, Kreislauf und Nerven, anregend auf die Verdauung.

*Minzensaft* fördert Gallentätigkeit und Verdauung. Er wirkt außerdem krampfmilderend.

*Petersiliensaft* wirkt appetitanregend, verdauungsfördernd und blutreinigend.

*Pimpinellensaft* ist appetitanregend.

*Salbeisaft* wirkt heilend auf die Schleimhäute des Magens und aller Atmungs-

organe ein. Er wird auch bei Leber- und Nierenleiden empfohlen. *Sauerampfersaft* ist blutreinigend, appetitanregend, harntreibend und verdauungsfördernd.

# Gelee

Für die Zubereitung von Gelee ist es wichtig, Saft in konzentrierter Form zu verarbeiten. Man kann ihn auf verschiedene Arten gewinnen:

● durch Dampfentsaften (Wasserdampf erweicht die Zellwände des Obstes und bringt sie zum Platzen),

● durch das Kaltverfahren (auspressen ungekochter Früchte),

● durch Kochen (zerdrücken und abtropfen gekochter Früchte).

Beim Entsaftungsvorgang entfällt die Zuckerzugabe. Da unreifes Obst einen höheren Pektingehalt besitzt, wird es bevorzugt für die Geleebereitung verwendet. Zu bedenken ist jedoch, daß voll ausgereifte Früchte geschmacklich wesentlich besser sind. Deshalb ist es ratsam, *unreifes und reifes* Obst zu mischen und bei der Verarbeitung für Gelee zu verwenden.

*Kernobst:* Vor dem Entsaftungsvorgang waschen und zerkleinern. Das Kerngehäuse kann mitverwendet werden.

*Steinobst:* Die gewaschenen Früchte ihrer Art entsprechend vorbereiten. Kirschen, Zwetschen, Renekloden kann man mit dem Stein entsaften, Pfirsiche sollten entkernt werden.

*Beerenobst:* Brombeeren, Stachelbeeren, Himbeeren, Johannisbeeren, Erdbeeren und Heidelbeeren wäscht man vor dem Entsaften. Stiel und Rispen müssen nicht entfernt werden.

Wie vorher schon erwähnt, hängt das Gelieren von vielen Faktoren ab. Pektin, das in unterschiedlicher Menge im Obst vorhanden ist, wird bei der Saftgewinnung im Dampfverfahren am besten gelöst. Das Pektin geht vollständig in den Saft über, was bei der Kaltpressung nicht gegeben ist. Hier bleiben die notwendigen Substanzen im Fruchtbrei zurück. Der Geliervorgang ist somit erschwert. Außerdem gelangt bei dieser Methode Fruchtfleisch in den Saft, das in einem weiteren Arbeitsgang erst wieder getrennt werden muß.

## Grundrezept für die Verwendung von Gelierzucker

*1 l Fruchtsaft – 1 kg Gelierzucker*

Nichtverdünnten, frisch gewonnenen, aber kalten Fruchtsaft mit dem Gelier-

zucker vermischen und unter starker Hitze zum Kochen bringen. Vom ersten Aufwallen an rechnet man die auf der Packung angegebene Kochzeit und füllt sofort danach in kleine Gläser um. Heiß verschließen und beschriften.

## Grundrezept für die Verwendung von Gelierpulver

*1/2 l Fruchtsaft – 500 g Zucker*
*1 Päckchen Gelierpulver*

Nach den angegebenen Anleitungen den Saft gewinnen und mit dem Pulver verrühren. Auf den Herd stellen und bei starker Hitze zum Kochen bringen. Gelegentlich umrühren. Danach den Zucker langsam einschütten, weiterrühren und vom Aufwallen an 1 Minute Kochzeit berechnen. Das fertige Gelee heiß in Gläser füllen und sofort verschließen.

## Grundrezept für die Verwendung von Gelierwunder

*1³/₄ l Fruchtsaft – 1,5 kg Zucker*
*1 Päckchen Gelierwunder*

Den abgemessenen, frisch gewonnenen Saft zu dem mit Gelierwunder vermischten Zucker schütten und bei starker Hitze zum Kochen bringen. Etwa 5 Minuten kochen lassen und dabei gelegentlich umrühren. Das Gelee sofort in die vorbereiteten Gläser füllen und verschließen.

## Zitronengelee

*1 l Saft* (die Zahl der benötigten Zitronen läßt sich nicht genau angeben, da die Saftausbeute sehr unterschiedlich ist); mit Hilfe einer Haushaltszitruspresse gewinnen und mit

*1 kg Gelierzucker* vermischen. Hauchdünn geschälte und in Streifen geschnittene

*Schalen von 2 ungespritzten Zitronen* dazugeben. Alles zusammen aufkochen und 4 Minuten sprudelnd kochen lassen. Sofort in Gläser füllen und verschließen.

# Sauerkirschgelee

³/₄ l Sauerkirschsaft
(selbst entsaftet,
siehe Seite 103),
1 kg Gelierzucker,
Saft von 2 Zitronen      Weitere Zubereitung wie Zitronengelee.

## Pflaumen-Birnen-Gelee

¹/₂ l Saft aus reifen,
saftigen Pflaumen       und
¹/₄ l Saft aus
reifen Birnen           mit
1 Msp. Nelken,
¹/₂ TL Ingwerpulver,
¹/₂ TL Zimt             mischen und
1 kg Gelierzucker       einrühren. Weitere Verarbeitung wie Zitronengelee.

## Quitten-Holunder-Gelee

¹/₂ l Quittensaft       (die Quitten mittels eines Dampfentsafters ent-
                        saften),
¹/₄ l Holundersaft      und den
Saft von 2 Zitronen     mit
1 kg Gelierzucker       vermischen und 4 Minuten sprudelnd kochen
                        lassen. In vorbereitete Gläser füllen und sofort ver-
                        schließen.

## Grapefruitgelee

1 l Saft                mittels einer Zitruspresse gewinnen. Nach Belieben
                        kann die hauchdünn abgeschnittene Schale (ohne
                        weiße Innenhaut) einer ungespritzten
Grapefruit              in schmale Streifen geschnitten und mitverwendet
                        werden.
1 kg Gelierzucker       in den Saft einrühren und alles zum Kochen brin-
                        gen. Nach 2 Minuten (Kochzeit beginnt erst, wenn

auch beim Rühren das gesamte Kochgut kräftig sprudelt) in die vorbereiteten Gläser füllen und sofort verschließen. Nach dem Erkalten beschriften und kühl aufbewahren.

**Abwandlung des Grapefruitgelees**
Vor dem Einfüllen in die Gläser können Sie 2 Eßlöffel Kräuterlikör oder 2 Eßlöffel Grenadine (Saft von Granatäpfeln) oder 2 Eßlöffel Süßkirschsaft einrühren.

## Apfelgelee

*1 l Saft*

im Dampfentsafter gewinnen und dann wie Grapefruitgelee weiterverarbeiten.
Als Geschmackszutaten können Arrak, Weißwein, abgeriebene Zitronenschale sowie etwas Saft von Ebereschen, Holunderbeeren oder Schlehen beigegeben werden. Wichtig ist das Mengenverhältnis: Nicht mehr als 2 l Saft und 2 kg Gelierzucker auf einmal verarbeiten.

## Johannisbeergelee

*1 l Saft*

mit Hilfe eines Dampfentsafters gewinnen und wie Grapefruitgelee weiterverarbeiten.
Verfeinern können Sie das Gelee mit Zimt oder einem Stück Ingwerwurzel. Auch eine Mischung von schwarzen und roten Johannisbeeren oder auch Himbeeren ergibt ein schmackhaftes Gelee.

## Pflaumengelee gewürzt

| | |
|---|---|
| *1 l Fruchtsaft* | mit |
| *1 kg Gelierzucker* | |
| *etwas Sternanis und* | |
| *Stangenzimt* | sowie den |
| *Saft von 1 Zitrone* | vermischen und bei starker Hitze aufkochen lassen. |

2 Minuten sprudelnd kochen, sofort in Gläser füllen und verschließen.

Wer nur den Würzgeschmack im Gelee, nicht aber die Gewürze darin enthalten haben möchte, kann sie in ein kleines Mullsäckchen einbinden und beim Kochen in den Saft einhängen.

## Sauerkirschgelee

| | |
|---|---|
| *1/2 l Sauerkirschsaft* | mit |
| *1 Päckchen Gelier-zucker* | verrühren und rasch zum Kochen bringen. Während des Umrührens langsam |
| *500 g Zucker* | einlaufen lassen und 1 Minute sprudelnd aufkochen. Das Gelee in die Gläser einfüllen und nach Vorschrift verschließen. |

## Stachelbeergelee

| | |
|---|---|
| *1,5 kg Zucker* | mit |
| *1 Päckchen Gelier-pulver* | gut vermischen und |
| *1 3/4 l Fruchtsaft* | langsam einrühren. Sehr schnell unter starker Hitze zum Kochen bringen und unter Rühren 5 Minuten aufwallen lassen. Sofort in die Gläser einfüllen und verschließen. |

## Himbeer-Johannisbeer-Gelee

| | |
|---|---|
| *1/2 l Himbeersaft* | |
| *1/2 l Johannisbeersaft* | mit |
| *1 kg Gelierzucker* | vermischen und bei starker Hitze zum Kochen bringen. 4 Minuten sprudelnd kochen lassen und sofort in die vorgewärmten Gläser füllen. |

## Heidelbeergelee

| | |
|---|---|
| *1/2 l Heidelbeersaft*<br>*1 Päckchen*<br>*Gelierpulver* | mit<br><br>verrühren und zum Kochen bringen. Zum gleichen Zeitpunkt sollten |
| *500 g Zucker* | eingerührt werden und das Gelee 1 Minute stark kochen. Sofort in Gläser füllen, verschließen und beschriften. |

## Brombeergelee

| | |
|---|---|
| *1 l Brombeersaft* | in kaltem Zustand mit |
| *1 kg Gelierzucker* | vermischen und bei starker Hitze zum Kochen bringen. Vom Beginn des Aufwallens an 2 Minuten sprudelnd weiterkochen lassen und sofort in die vorgewärmten Gläser füllen. |

# Marmeladen

## Grundrezept für die Verwendung von Gelierzucker

| | |
|---|---|
| *1 kg Früchte* | waschen, abtropfen lassen und im Mixaufsatz der Küchenmaschine, mit dem Handmixgerät oder im Fleischwolf zermusen. In einem ausreichend großen Topf mit |
| *1 kg Gelierzucker* | mischen und die gesamte Masse unter Rühren zum Kochen bringen. |

Je nach Anleitung auf der Packung muß 2 oder 4 Minuten gekocht werden. Zu beachten ist dabei, daß die Kochzeit erst mit Beginn des sprudelnden Kochens berechnet wird. Nach Ende der Kochzeit die Marmelade sofort in die vorgewärmten Gläser füllen und nach Vorschrift verschließen.

Bei *Konfitüre* erhöht sich die Kochzeit, und die Vorbereitung des Obstes ist im Gegensatz zur Marmelade verschieden. Das Obst wird nicht zermust, sondern ganz oder halbiert mit dem Gelierzucker überstreut, abgedeckt und über Nacht ziehenlassen. In einem ausreichend großen Topf wird dieses

Frucht-Zucker-Gemisch am nächsten Tag 4 Minuten sprudelnd gekocht.
Sofort in die vorbereiteten Gläser füllen und verschließen.
Es kann aufgrund der kurzen Erhitzungszeit vorkommen, daß sich die Früchte
oben im Glas befinden. Dies hat keinerlei Einfluß auf die Haltbarkeit. Öffnet
man ein Glas für den Frühstückstisch, kann der Glasinhalt umgerührt werden,
so daß die Früchte gleichmäßig verteilt sind.

## Grundrezept für die Verwendung von flüssigem Geliermittel

*1,75 kg Früchte*      säubern, waschen und abtropfen lassen. Große, feste Sorten kann man mit dem Fleischwolf oder einer Küchenmaschine zermusen. Bei Himbeeren, Kirschen, Erd- und Brombeeren z. B. genügt es, wenn man sie im Topf, in dem gekocht wird, mit einem Handmixer 1 Minute durchrührt. Dann mit

*2 kg Zucker* und
*1 kleinen Flasche*
*Geliermittel mit*
*Zitronensäure*      vermischen. Zum Kochen bringen und vom sprudelnden Kochen an 10 Sekunden aufwallen lassen. Heiß in Gläser füllen und sofort verschließen.

## Grundrezept für die Verwendung von Gelierpulver

*2 kg Früchte*      waschen, abtropfen lassen, mit der Küchenmaschine zermusen und in einen ausreichend großen Topf schütten. In diesen Fruchtbrei

*40 g Gelierpulver* einrühren und zum Kochen bringen. Dann
*2 kg Zucker* unter ständigem Rühren dazugeben. Vom ersten Aufwallen an 1 Minute sprudelnd kochen lassen. Heiß in die Gläser füllen und sofort verschließen. Es ist immer ratsam, die Packungshinweise der einzelnen Geliermittel zu beachten, da sich die Rezepturen bei einigen Fruchtarten verändern.

## Apfelkraut

Diese rheinische Spezialität soll ohne Zugabe von Zucker eingedickt werden, die Äpfel müssen also recht süß sein. 12 kg Äpfel ergeben etwa 1,5 kg Apfelkraut. Man schneidet faule Stellen aus und zerteilt die Äpfel in kleine Stücke. Mit etwas Wasser werden sie unter Rühren zu Mus gekocht. Den Obstbrei auf ein Filtertuch schütten und durchlaufen lassen. Den gewonnenen Saft bis zur Gelierprobe kochen. Man läßt zu diesem Zweck vom Holzlöffel einen Tropfen der Apfelmasse in ein Glas kaltes Wasser fallen. Wenn er schwer und klumpig auf den Grund des Glases sinkt, ist das Apfelkraut fertig. Diesen leckeren Brotaufstrich in Geleegläser füllen, verschließen, beschriften und kühl stellen.

## Pflaumenmus (Latwerge)

*5 kg Pflaumen* waschen und entsteinen. Die Hälfte davon in einen großen Topf füllen und mit

*500 g Zucker* überstreuen. Die zweite Hälfte des Obstes dazugeben und wieder mit

*500 g Zucker* bestreuen. Über Nacht stehen lassen, ohne umzurühren.

Am nächsten Tag die Früchte im zugedeckten Topf aufkochen, den Deckel abnehmen und die Pflaumen 5 Stunden langsam kochen lassen, ohne zu rühren. (Sobald man umrührt, hängt die Masse an, ein ständiges Umrühren ist dann erforderlich.) Danach den Topf vom Herd nehmen. Das Mus kurz abkühlen lassen, mit einem Schneebesen oder einem Handmixer schlagen, in Gläser füllen und sofort verschließen. Etwas

*Sternanis oder Stangenzimt* kann – je nach Geschmack – dazugegeben werden.

# Apfelsinenmarmelade, englisch

| | |
|---|---|
| *2 ungespritzte*<br>*Apfelsinen* | unter heißem, fließendem Wasser abbürsten, abtrocknen und dünn schälen. Die Schalen in feine Streifen schneiden (weiße Innenhaut nicht verwenden), die Früchte pürieren. |
| *1 kg Apfelsinen* | entkernen (Kerne können in einem Mullsäckchen mitgekocht werden), in Spalten teilen und hauchdünn schneiden. Nach Belieben das Fruchtfleisch von |
| *1 Zitrone* | (kleingeschnitten) zu den zerkleinerten und den pürierten Früchten sowie den Schalenstreifen geben. Alles mit |
| *1 kg Gelierzucker* | mischen und zum Kochen bringen. Nach einer Kochzeit von 4 Minuten kann nach Geschmack vor dem Einfüllen in die Gläser etwas |
| *Cointreau* | untergerührt werden. Die Gläser gut verschließen. |

## Apfelsinen-Hagebutten-Marmelade

Hagebuttenmark mit zermusten Apfelsinen mischen und mit Gelierzucker im Verhältnis 1 : 1 nach dem Rezept für Apfelsinenmarmelade verarbeiten. Nach Belieben mit Zitronenlikör verfeinern.

## Apfelsinen-Sauerkirsch-Marmelade

Beide Fruchtsorten püriert nach dem Rezept für Apfelsinenmarmelade verarbeiten und mit Gelierzucker im Verhältnis 1 : 1 mischen.

## Aprikosenmarmelade

| | |
|---|---|
| *1 kg vollreife*<br>*Aprikosen* | waschen, gut abtropfen lassen, halbieren und entsteinen. Die entsteinten Früchte zermusen. |
| *1 kg Gelierzucker* | hinzugeben und 2 Minuten kochen. Nach Vorschrift verschließen. |

# Brombeermarmelade

| | |
|---|---|
| *500 g Brombeeren* | gut verlesen, vorsichtig waschen, abtropfen lassen und leicht zerdrücken. Mit |
| *500 g Gelierzucker* | vermischen und bei starker Hitze zum Kochen bringen. Nach 2 Minuten in die vorbereiteten Gläser füllen und nach Vorschrift verschließen. |

# Erdbeermarmelade

| | |
|---|---|
| *1 kg Erdbeeren* | waschen, von den Stielen befreien und zermusen. Mit |
| *1 kg Gelierzucker* | mischen und die Masse zum Kochen bringen. Kochzeit 2 Minuten. Danach in Gläser füllen und sofort verschließen. |

# Himbeer-Johannisbeer-Marmelade

| | |
|---|---|
| *1 kg Himbeeren* | gut verlesen, möglichst nicht waschen, entweder die Früchte ganz lassen, durch ein Haarsieb passieren oder mit dem Handmixer pürieren. |
| *1 kg Gelierzucker* | hinzugeben und |
| *1/4 l Johannisbeersaft* | unterrühren. Zum Kochen bringen und nach Grundrezept weiterverarbeiten. |

# Johannisbeermarmelade

| | |
|---|---|
| *1 kg Johannisbeeren* | waschen und gut abtropfen lassen. Durch Fruchtpresse geben oder die entstielten Beeren unter öfterem Rühren bei schwacher Hitze zusammenfallen lassen. Durch ein Sieb streichen, wenn die Kernchen stören. |
| *1 kg Gelierzucker* | hinzugeben und unter dauerndem Rühren 2 Minuten kochen. |

## Sauerkirschmarmelade

| | |
|---|---|
| *1 kg Sauerkirschen* | waschen, entstielen, entsteinen und zermusen. Das Fruchtmus mit |
| *1 kg Gelierzucker* | unter ständigem Rühren zum Kochen bringen und sobald die Masse aufwallt, 2 Minuten sprudelnd kochen lassen. Heiß in Gläser füllen und nach Wunsch verschließen. |

## Stachelbeermarmelade

| | |
|---|---|
| *1,75 kg reife Stachelbeeren* | waschen und verlesen, Stiel und Blüte entfernen und zermusen. |
| *2 kg Zucker* | hinzugeben. Nach Belieben |
| *1 Zimtstange* | mitkochen. Unter dauerndem Rühren zum Kochen bringen und nach 10 Sekunden |
| *1 kleine Flasche Geliermittel* | einrühren, kurz aufwallen lassen, in Gläser füllen und nach Vorschrift verschließen. |

## Zwetschenmarmelade

| | |
|---|---|
| *1 kg Zwetschen* | waschen, halbieren und entsteinen. |
| *1 kg Gelierzucker* | untermischen und Saft ziehen lassen. In die Zwetschen den Handmixer halten und grob pürieren. Nach Grundrezept weiterverarbeiten. |

## Rhabarber-Erdbeer-Marmelade

| | |
|---|---|
| *1½ kg Rhabarber* | (jung) nur wenn nötig schälen, waschen, in kleine Stücke schneiden und in etwas |
| *Wasser* | kurz kochen. |
| *½ kg Erdbeeren* | waschen und zermusen. Stiel und Blüte abzupfen. Mit dem Rhabarbermus vermischen und mit |
| *2 kg Gelierzucker* | zum Kochen bringen. Nach 2 Minuten Kochzeit (sie beginnt erst, wenn auch beim Rühren das gesamte Kochgut kräftig sprudelt) gut umrühren und in die |

vorbereiteten Gläser füllen. Sofort verschließen und beschriftet kühl stellen.

## Ananas-Brombeer-Marmelade

Frische Ananas vorbereiten und mit dem Mixer grob zerkleinern. Brombeeren waschen und ebenfalls zermusen. Weitere Zubereitung wie Rhabarber-Erdbeer-Marmelade.
Geschmackliche Variation: $1/2$ Zimtstange mitkochen und zum Schluß etwas Whisky einrühren.

## Johannisbeer-Himbeer-Marmelade

*1 kg Himbeeren*
*$1/2$ kg Johannisbeeren*
*$1^{1}/2$ kg Gelierzucker*

Die Früchte vorbereiten, abtropfen lassen und im Topf durch Einhalten des Handmixers kurz zermusen.
und
mit
mischen und wie Rhabarber-Erdbeer-Marmelade zubereiten.

## Holunder-Apfel-Marmelade

Hier gilt die gleiche Zubereitung wie bei dem Rezept für Rhabarber-Erdbeer-Marmelade.
Möchten Sie die Marmelade anschließend sterilisieren, können Sie die Zuckerzugabe etwas reduzieren.

## Marmelade aus Schattenmorellen

*2 kg Schattenmorellen*
*40 g Gelierpulver*

*2 kg Zucker*

waschen, entstielen, entsteinen, zermusen und einrühren. Das Fruchtmus unter ständigem Rühren zum Kochen bringen. Nach und nach dazugeben und 1 Minute kochen lassen. Heiß in Gläser füllen und sofort verschließen. Beschriften und kühl stellen.

## Preiselbeer-Apfelsinen-Sauerkirsch-Marmelade

*1 kg Preiselbeeren*  zerdrücken,
*½ kg Apfelsinen*  zermusen,
*½ kg Sauerkirschen*  zermusen und nach den Angaben des gewählten
Geliermittels zubereiten.

## Kürbiskonfitüre mit Johannisbeersaft

*1,75 kg Kürbis (ohne*
*Schale gewogen)*  entkernen und in kleine Stückchen schneiden. Mit
*1,75 kg Zucker und*
*1 Glas Johannis-*
*beersaft*  mischen und zum Kochen bringen. 10 Sekunden
aufwallen lassen,

*1 kleine Flasche*
*Geliermittel*  einrühren und nach kurzem Aufkochen in die vorbereiteten Gläser einfüllen.

# Konfitüre

## Erdbeerkonfitüre

*1½ kg Erdbeeren*  waschen und abtropfen lassen. Blütenansätze und
Stiele entfernen. Große Beeren halbieren oder in
Stücke schneiden. Eine Hälfte der Früchte in den
Topf geben und leicht zerdrücken, die andere Hälfte
bleibt ganz und wird erst mit

*1750 g Zucker*  und
*10 g Citropekt*
*(Zitronensäure)*  vermischt und vorsichtig eingerührt. Das Ganze
zum Kochen bringen und ständig umrühren. Bei
starker Hitze 10 Sekunden aufwallen lassen.

*1 Normalflasche*  dazugeben und noch einmal aufkochen. Sofort in
*flüssiges Geliermittel*  Gläser füllen und nach Vorschrift verschließen.

## Johannisbeerkonfitüre

*1¹/₂ kg Johannisbeeren* waschen, mit einer Gabel von den Rispen trennen und wie Erdbeerkonfitüre zubereiten.

## Mirabellenkonfitüre

Die gleiche Mengenangaben und Zubereitung wie bei Erdbeerkonfitüre.

## Süßkirschkonfitüre

Die Zubereitungsart und auch die Mengenangaben sind dem Rezept für Erdbeerkonfitüre zu entnehmen.

## Aprikosenkonfitüre mit Schuß

| | |
|---|---|
| *1 kg Aprikosen* | waschen, halbieren, entsteinen und in Streifen schneiden. |
| *1 kg Gelierzucker* | dazugeben. Gut vermischen und 24 Stunden ziehen lassen. Danach das Frucht-Zucker-Gemisch unter Rühren zum Kochen bringen und 4 Minuten sprudelnd weiterkochen. Vor dem Einfüllen in die vorbereiteten Gläser |
| *1 Glas Apricot-Brandy* | unterrühren und sofort verschließen. |

## Reneklodenkonfitüre

| | |
|---|---|
| *1 kg Renekloden* | entsteinen. Sie sind meist nur mit etwas Mühe vom Stein zu lösen. Den abtropfenden Saft auffangen und alles zusammen mit |
| *1 kg Gelierzucker* | vermischt 24 Stunden ziehen lassen. Weitere Zubereitung wie Aprikosenkonfitüre mit Schuß. |

## Ananaskonfitüre

1 kg Ananas, 1 kg Gelierzucker.
Ananaskonfitüre von frischen Früchten wird besonders fein. Aber auch von Dosenfrüchten mit der Zugabe von Zitronensaft ist ein leckerer Brotaufstrich zu bereiten. Da im Dosenobst schon Zucker enthalten ist, sollte man auf einen kräftigen Schuß »Hochprozentigen« (Tequila oder Topinambur) nicht verzichten.
Zubereitung wie Aprikosenkonfitüre mit Schuß.

## Heidelbeerkonfitüre

Es gilt das gleiche Rezept wie für Aprikosenkonfitüre mit Schuß. Statt mit Alkohol kann diese Konfitüre mit Orangensaft verfeinert werden.

## Brombeerkonfitüre

*1 kg frisch gepflückte*
*Brombeeren*          nur kurz abbrausen und gut abtropfen lassen. Mit
*1 kg Gelierzucker*   vermischt 24 Stunden ziehen lassen und dann
                      nach dem Rezept für Aprikosenkonfitüre mit Schuß
                      weiterverarbeiten.

## Birnenkonfitüre mit Maracuja

*500 g Birnen*        und
*1/4 l Maracujasaft*  mit
*750 g Gelierzucker*  vermischen und 24 Stunden ziehen lassen. Weitere
                      Zubereitung wie Aprikosenkonfitüre mit Schuß.
                      Als weitere Geschmacksnuance kann man einige
                      Mandelblättchen mitkochen.

## Pflaumenkonfitüre mit Armagnac

*1 kg Pflaumen*       waschen, halbieren, entsteinen und in kleinen
                      Stücken vermischt mit
*1 kg Gelierzucker*   24 Stunden zugedeckt stehenlassen. Dann 4 Minuten sprudelnd kochen. Kurz vor dem Einfüllen in die

| | Gläser |
|---|---|
| 1/8 l Armagnac | dazugießen. Umrühren und einfüllen. Nach Vorschrift verschließen und beschriften. |

## Pflaumenkonfitüre mit Madeira und Zimt

| 1 kg Pflaumen | vorbereitet mit |
|---|---|
| 1/2 Teelöffel Zimt | und |
| 1 kg Gelierzucker | vermischt 24 Stunden ziehen lassen. Weitere Zubereitung wie oben. |

## Sauerkirschkonfitüre

| 1 kg Schattenmorellen | entsteint wiegen und nach dem Rezept für Pflaumenkonfitüre mit Armagnac zubereiten. |
|---|---|

## Rhabarberkonfitüre

| 1 kg jungen Rhabarber | vorbereitet in kleine Stücke schneiden. Mit |
|---|---|
| 1 kg Gelierzucker | vermischt 24 Stunden ziehen lassen. Danach gilt die gleiche Zubereitung wie bei Pflaumenkonfitüre mit Armagnac. |

## Himbeerkonfitüre

| 2 kg frisch gepflückte Himbeeren | verlesen und nach Möglichkeit nicht waschen. Mit der gleichen Menge |
|---|---|
| Gelierzucker | vermischen und 24 Stunden ziehen lassen. Weitere Zubereitung wie Pflaumenkonfitüre mit Armagnac. |

## Stachelbeerkonfitüre

| 1 kg Stachelbeeren | vorbereiten, mit |
|---|---|
| 1 kg Gelierzucker | vermischen und zugedeckt 24 Stunden ziehen lassen. Danach die Frucht-Zucker-Masse zum Kochen bringen und nach dem Rezept für Aprikosenkonfitüre mit Armagnac weiterverarbeiten. |

# Rezeptverzeichnis

# NÜTZLICHE RATGEBER

## EINE AUSWAHL

Stand: Frühjahr 1993

## Essen und Trinken

**Unsere Kochschule**
(4526-3) Von M. Kaltenbach, F. W. Ehlert, 308 S., 736 Farbfotos, Pappband. ●●●●

**Meine feine Bürgerliche Küche**
(4411-9) Von E. Falout, 160 S., 119 Farbfotos, Pappband. ●●●

**Kochen für 1 Person**
Rationell wirtschaften, abwechslungsreich und schmackhaft zubereiten. (0586-5) Von M. Nicolin, 104 S., 8 Farbtafeln, 23 Zeichnungen, kart. ●

**Rezepte für 1 Person**
(1294-2) Hrsg. M. Sauerborn, 64 S., 75 Farbf., kart. ●

**Schnell und individuell**
**Die raffinierte Single-Küche**
(4266-3) Von F. Faist, 160 S., 151 Farbfotos, Pappband. ●●●●

**Für Kenner und Genießer Lamm**
(1090-7) Von H. Imhof, 64 S., 50 Farbfotos, Pappband. ●●

**Frischer Fang aus Fluß und Meer Fisch**
(0964-X) Von L. Grieser, 48 S., 52 Farbfotos, Pappband. ●●

**Gaumenfreuden Tag für Tag**
**Pfannengerichte**
(1007-9) Von S. Fabke, 64 S., 54 Farbfotos, Pappband. ●●

**Aus eigener Küche Gute Wurst**
(0948-8) Von J. Bessel, G. Quaas, 80 S., 8 Farbtafeln, kart. ●

**Aus lauter Lust und Liebe Knoblauch**
(0867-8) Von L. Reinirkens, 64 S., 45 Farbfotos, Pappband. ●●

**Bintje, Irmgard und Sieglinde**
**Kartoffeln**
(1032-X) Von S. Fabke, 64 S., 43 Farb- und s/w-Foto, Pappband. ●

**Kartoffelgerichte**
(1297-7) Hrsg. I. Feldhaus, 64 S., 64 Farbf., kart. ●

**Nudelgerichte**
(1293-4) Hrsg. E. Fuhrmann, 64 S., 66 Farbf., kart. ●

**Pasta in Höchstform Nudeln**
(0884-8) Von M. Kirsch, 64 S., 62 Farbfotos, Pappband. ●●

**Reis**
Basmati, Patna und Arborio
(1209-8) Von K. Iden, 64 S., ca. 50 Farbfotos, Pappband. ●●

**Kräftig klar und cremig zart Feine Suppen**
(1031-1) Von H. Imhof, 64 S., 48 Farbfotos, Pappband. ●●

**Herzhaftes für Leib und Seele Eintöpfe**
(0820-1) Von P. Klein, 48 S., 30 Farbfotos, Pappband. ●●

**Spezialitäten unter knuspriger Decke**
**Aufläufe**
(0882-1) Von C. Adam, 48 S., 33 Farbfotos, Pappband. ●●

**Aufläufe**
(1295-0) Hrsg. E. Fuhrmann, 64 S., 62 Farbf., kart. ●

**In Hülle und Fülle Pasteten und Terrinen**
(0883-X) Von M. Kirsch, 48 S., 62 Farbfotos, Pappband. ●●

**Die Krönung der feinen Küche Saucen**
(0817-1) Von G. Cavestri, 48 S., 40 Farbfotos, Pappband. ●●

**Schlank und köstlich Spargel**
(1005-2) Von M. Kirsch, 64 S., 44 Farbfotos, Pappband. ●●

**Von Aubergine bis Zucchini Gemüse**
(1061-3) Von H. Cohrs, 64 S., 39 Farbfotos, Pappband. ●●

**Statt Breakfast und Lunch Brunch**
(1033-8) Von C. Adam, 64 S., 49 Farbfotos, Pappband. ●●

**Genießen unter freiem Himmel**
**Picknick**
(1208-X) Von A. Ilies, 64 S., ca. 50 Farbfotos, Pappband. ●●

**Die schönsten Rezepte für**
**Frühstück und Brunch**
(1063-X) Von K. Kruse-Schorling, 80 S., 8 Farbtafeln, kart. ●

**Schnelle Küche**
Für 2 Personen
(4718-5) freundin-Kochstudio, 80 S., 105 Farbf., Pappband. ●●

**Zaubern mit der schnellen Welle**
**Die neue Mikrowellenküche**
(4289-2) Von F. Faist, 208 S., 188 Farbfotos, Pappband. ●●●●

**Schnell auf den Tisch gezaubert**
**Kochen mit Mikrowellen**
(0818-X) Von A. Danner, 64 S., 52 Farbfotos, Pappband. ●

**Das neue Fritieren**
geruchlos, schmackhaft und gesund.
(0365-X) Von P. Kühne, 88 S., 8 Farbtafeln, kartoniert. ●

**Italienische Vorspeisen Antipasti**
(1006-0) Von S. Reiter-Westphal, 64 S., 47 Farbfotos, Pappband. ●●

**Italienische Küche**
(1299-3) Hrsg. E. Fuhrmann, 64 S., 65 Farbf., kart. ●

**Schlemmerreise durch die**
**Italienische Küche**
(4172-1) Von V. Pifferi, 160 S., 109 Farbfotos, Pappband. ●●●●

**Spaghetti, Tagliatelle + Co.**
**Pasta all'Italiana**
(1004-4) Von I. Seyric, 64 S., 57 Farbfotos, Pappband. ●●

**Schlemmerreise durch die**
**Französische Küche**
(4296-5) Von H. Imhof, 160 S., 147 Farbfotos, 3 s/w-Fotos, Pappband. ●●●●

**Schlemmerreise durch die**
**Spanische Küche**
(4500-X) Von A. Puente, 160 S., ca. 120 Farbfotos, Pappband. ●●●●

**Schlemmerreise durch die**
**Thailändische Küche**
(4722-3) Von C. Zingerling, 144 S., 164 Farbf., Pappband. ●●●●

**Köstlich fernöstlich**
**Asiatische Spezialitäten**
(1286-1) Von M. Carroll, E. Mognol, 64 S., 49 Farbf., Pappband. ●●

**Chinesische Küche**
(1289-6) Hrsg. M. Sauerborn, 64 S., 73 Farbf., kart. ●

**Schlemmerreise durch die**
**Chinesische Küche**
(4184-5) Von K. H. Jen, 160 S., 117 Farbfotos, Pappband. ●●●●

**Verheißungsvoll fernöstlich**
**Spezialitäten aus dem Wok**
(0933-X) Von K. H. Jen, 64 S., 56 Farbfotos, Pappband. ●●

**Gerichte aus dem**
**Wok**
(1291-8) Hrsg. M. Sauerborn, 64 S., 76 Farbf., kart. ●

**Mit Lust und Liebe Chinesisch Kochen**
(4441-0) Von Ho Fu-Lung, Uli Franz, 176 S., 189 Farbfotos, 29 Zeichnungen, Pappband. ●●●●

**Köstliches von Rost und Spieß Grillen**
(0931-3) Von A. Kalcher-Dähn, H. K. Kalcher, 64 S., 43 Farbfotos, Pappband. ●●

**Braten auf dem heißen Stein**
(1300-0) Hrsg. R. Donhauser, 64 S., 56 Farbf., kart. ●

**Rezepte rund um Raclette und**
**Doppeldecker**
(0420-6) Von J.W. Hochscheid, 72 S., 8 Farbtafeln, kart. ●

**Schlemmen in geselliger Runde**
**Fleischfondues**
(0966-6) Von M. Spötter, 64 S., 62 Farbfotos, Pappband. ●●

**Fondues und Raclettes**
(4253-1) Von F. Faist, 160 S., 125 Farbfotos, Pappband. ●●●●

**Fondues**
(1298-5) Hrsg. E. Meyer zu Stieghorst, 64 S., 69 Farbf., kart. ●

**Rezepte fürs Raclette**
(1290-X) Hrsg. S. Kieslich, 64 S., 59 Farbf., kart. ●

**Schmelzendes Käsevergnügen Raclette**
(0881-3) Von F. Faist, 48 S., 33 Farbfotos, Pappband. ●

**Das köstliche knackige Schlemmer-**
vergnügen **Salate**
(4165-9) Von V. Müller, 160 S., 80 Farbfotos, Pappband. ●●●●

---

Falken-Verlag GmbH · Postfach 1120 /FALKEN/ D-6272 Niedernhausen/Ts. · Tel.: 0 6127 / 70 20

Gartenfrisch genießen
**Feine Salate**
(4450-X) Von P. Nikolay, 160 S., 122 Farbfotos, Pappband. ●●●●

**Köstliche Salate**
zum Verwöhnen
(0222-X) Von Chr. Schönherr, 96 S., 8 Farbtafeln, 30 Zeichnungen, kartoniert. ●

Frisch und leicht als Hauptgericht
**Schlemmersalate**
(0934-8) Von C. Adam, 64 S., 49 Farbfotos, Pappband. ●●

Köstlich frisch auf den Tisch
**Rohkostsalate**
(0865-1) Von C. Adam, 48 S., 26 Farbfotos, Pappband. ●●

Gesund und vielseitig **Alles mit Joghurt**
täglich selbstgemacht, mit vielen Rezepten
(0382-6) Von G. Volz, 64 S., 8 Farbtafeln, kartoniert. ●

Locker, flockig, leicht...
**Müsli & Co**
(0965-8) Von C. Adam, 64 S., 42 Farbfotos, Pappband. ●

Bärenstark und kerngesund
**Vollwertkost für Kinder**
(0968-2) Von S. Reiter, 64 S., 44 Farbfotos, Pappband. ●

**Gesunde Ernährung für mein Kind**
(0776-6) Von M. Bustorf-Hirsch, 112 S., 8 Farbtafeln, 5 s/w-Zeichnungen, kart. ●

**Eßschule**
Gesunde Ernährung für Kinder im Grundschulalter
(1314-0) Von A. Roßmeier, 80 S., 44 Farbf., 50 fbg. Vignetten, Pappband. ●●

**Das Getreidemühlenkochbuch**
(1017-4) Von M. Bustorf-Hirsch, 112 S., 8 Farbtafeln, kartoniert. ●

**Meine Vollkornküche**
Herzhaftes von echtem Schrot und Korn
(0858-9) Von S. Walz, 96 S., 8 Farbtafeln, kartoniert. ●

Die gesunde Art, sich zu verwöhnen
**Vollwertküche für Singles**
(0937-2) Von A. Görgens, 64 S., 43 Farbfotos, Pappband. ●

Mit Lust und Liebe...
**Vollwertküche für Genießer**
(4412-4) Von Prof. Dr. C. Leitzmann, H. Million, 256 S., 329 Farbfotos, Pappband. ●●●●

**Vegetarisch kochen und genießen**
Alle Gerichte für 2 Personen
(4715-0) Von Prof. Dr. C. Leitzmann, K. Dittrich, C. u. G. Kurz, 128 S., 132 Farbf., Pappband. ●●●●

Das große FALKEN
**Vitaminkochbuch**
für Genießer
(4714-2) Von Prof. Dr. troph. M. Hamm, A. Roßmeier, ca. 208 S., zahlr. Farbabb., Pappband. ●●●●

**Die feine Vegetarische Küche**
(4235-3) Von F. Faist, 160 S., 191 Farbfotos, Pappband. ●●●●

**Schmackhafte Vollwertkost ohne tierisches Eiweiß**
(0993-3) Von M. Bustorf-Hirsch, 96 S., 54 Farbfotos, kartoniert. ●●

**Cholesterinarm kochen und genießen**
(4442-9) Von R. Unsorg, 168 S., 132 Farbfotos, Pappband. ●●●●

Die aktuelle **Cholesterintabelle**
(1088-5) Von Dr. H. Oberritter, 84 S., 12 zweifarbige Grafiken, kartoniert. ●

**Die aktuelle Vitamin- und Mineralstofftabelle**
Mit Angaben zu den wichtigsten Vitaminen und Mineralstoffen
(1110-5) Von Dr. H. Oberritter, 88 S., 1 zweifarbige Grafik, kart. ●

**Die aktuelle E-Zusatzstoff-Tabelle**
Über 750 Angaben zu Herkunft, Verwendung und mögliche Nebenwirkungen
(1233-0) Von T. Pilgram, E.Dahl, 80 S., zweifarbig, kart. ●

**Vollwertküche für Diabetiker**
Köstlich kochen und backen für die ganze Familie
(4473-9) Von Prof. Dr. C. Leitzmann, Prof. Dr. H. Million, 168 S., 172 Farbfotos, 8 Zeichnungen, Pappband. ●●●●

**Kochen und backen für Diabetiker**
Gesund und schmackhaft für die ganze Familie
(4467-0) Von Dr. med. M. Toeller, W. Schumacher, A. Groote, Dr. troph. A. Klischan, 176 S., 182 Farbfotos, Pappband. ●●●●

**Würzig kochen ohne Salz**
(0922-4) Von S. Roediger-Streubel, 160 S., 16 Farbtafeln, kart. ●●

**Die Sojaküche**
Gesund und abwechslungsreich essen
(0553-9) Von U. Kolster, 80 S., 8 Farbtafeln, kart. ●

**Gesund kochen mit Keimen und Sprossen**
(0794-9) Von M. Bustorf-Hirsch, 96 S., 4 Farbtafeln, 13 s/w-Zeichnungen, kart. ●

**Keime und Sprossen in der Naturküche**
(4299-X) Von M. Bustorf-Hirsch, 96 S., 144 Farbfotos, Pappband. ●●●

**Waffeln**
Hörnchen, Pfannkuchen und Crêpes.
(0522-9) Von C. Stephan, 64 S., 8 Farbtafeln, kart. ●

**Waffeln**
(1296-9) Hrsg. L. Steiger, 64 S., 73 Farbf., kart. ●

Mehr Freude und Erfolg beim
**Brotbacken**
(4148-9) Von A. und G. Eckert, 160 S., 177 Farbfotos, Pappband. ●●●●

**Meine Vollkornbackstube**
Brot · Kuchen · Aufläufe. (0616-0) Von R. Raffelt, 96 S., 4 Farbtafeln, 12 Zeichnungen, kartoniert. ●

**Meine Weihnachtsbackstube**
(5163-8) Von M. Sauerborn, 32 S., 23 Farbfotos, mit Vorlagebogen in Originalgröße, kart. ●

Mit Honig, Nuß und Mandelkern
**Weihnachtsplätzchen**
(1287-X) Von H. Jaacks, 64 S., 48 Farbf., Pappband. ●●

**Backen ohne Zucker**
(1234-9) Von H. Erkelenz, 80 S., 8 Farbtafeln, kart. ●

Süße Verführungen **Desserts**
(0885-6) Von M. Bacher, 64 S., 75 Farbfotos, Pappband. ●

Süße Geheimnisse eiskalt gelüftet
**Eis und Sorbets**
(0870-8) Von H. W. Liebheit, 48 S., 38 Farbfotos, Pappband. ●●

Raffiniertes mit
**Eis**
Drinks/Desserts/Eissorten
(1029-X) Von F. Hoffmann, 64 S., 74 Farbfotos, Pappband. ●

**Haltbarmachen in der Öko-Küche**
Gesunde Konservierungsmethoden für Obst, Gemüse, Kräuter und Pilze. (0923-2) Von M. Bustorf-Hirsch, 120 S., 92 Farbabb., kart. ●●

**Komm, koch und back mit mir**
Kunterbuntes Kochvergnügen für Kinder.
(4285-X) Von S. und H. Theilig, illustriert von B. v. Hayek, 112 S., 45 Farbabb., Pappband. ●●

**Lieblingsgerichte für Kinder**
Kerngesund und kunterbunt
(4497-6) Von G. Righi-Spanfellner, 112 S., 27 Farbzeichnungen, Pappband. ●●●

Lirum, larum, Löffelstiel...
**Kinder kochen mit Knuddel**
(1094-X) Von U. Bültjer, 80 S., 27 zweifarbige Zeichnungen, kart. ●

Backe, backe Kuchen...
**Kinder backen mit Knuddel**
(1301-9) Von U. Bültjer, 64 S., 34 Farbf., 60 Farbzeichn., kart. ●

Mit Lust und Liebe
**Garnieren und Verzieren**
Dekoratives zu vielen Anlässen
(4496-8) Von M. Müller, E. Pratsch, H. Krieg, 160 S., ca. 100 Farbfotos, Pappband. ●●●●

Mit Lust und Liebe **Kalte Platten & Buffets**
Anrichten und Garnieren
(4427-5) Von P. Grotz, 176 S., 228 Farbfotos, Pappband. ●●●●

**Garnieren und Verzieren**
(4236-1) Von R. Biller, 160 S., 329 Farbfotos, 57 Zeichnungen, Pappband. ●●●●

Köstlichkeiten für Gäste und Feste
**Kalte Platten**
(4200-0) Von I. Pfliegner, 160 S., 130 Farbfotos, Pappband. ●●●●

Wenn Gäste kommen...
**Kalte Küche**
(1060-5) Von A. Ilies, 64 S., 49 Farbfotos, Pappband. ●

Raffiniert und vielseitig
**Toasts und Sandwiches**
(1109-1) Von R. und T. Donhauser, 64 S., 52 Farbfotos, Pappband. ●

Fein und raffiniert
**Canapés und kleine Köstlichkeiten**
(0963-1) Von H. Imhof, 64 S., 53 Farbfotos, Pappband. ●

**Festlich kochen und Backen**
für Advent und Weihnachten
(4443-7) Von A. Guter, 96 S., 66 Farbfotos, 1 s/w-Foto, Pappband. ●●●

**Der perfekt gedeckte Tisch**
(1028-1) Von H. Tapper, 80 S., 161 Farbfotos, 13 Zeichnungen, kartoniert. ●●

**Der schön gedeckte Tisch**
Vom einfachen Gedeck bis zur Festtafel stimmungsvoll und perfekt arrangiert.
(4246-9) Von H. Tapper, 112 S., 206 Farbfotos, 21 s/w-Abbildungen, Pappband. ●●●

**Servietten falten**
80 Ideen für schön gedeckte Tische
(1042-7) Von M. Müller, O. Mikolasek, 80 S., 289 Farbfotos, 50 Zeichnungen, kart. ●●

**Phantasievolle Tischdekorationen selber machen**
(0984-4) Von Y. Thalheim, H. Nadolny, 80 S., 174 Farbfotos, 21 Zeichnungen, kart. ●●

**Servietten dekorativ falten**
Geschmackvolle Anregungen aus Stoff und Papier. (0804-X) Von H. Tapper, 32 S., 134 Farbfotos, Pappband. ●

**Tee für Genießer**
Sorten · Riten · Rezepte
(0356-0) Von M. Nicolin, 64 S., 4 Farbtafeln, kart. ●

**Weine und Säfte, Liköre und Sekt**
selbstgemacht.
(0702-7) Von P. Arauner, 232 S., 76 Abb., kart. ●

**FALKEN Mixbuch**
(4733-9) Hrsg. P. Bohrmann, ca. 560 S., zahlr. Farbabb., Pappband. ●●●

**Cocktails und Drinks**
(**1292**-6) Hrsg. S. Kieslich, 64 S., 70 Farbf.,
kart. ●

Fruchtig, spritzig, eisgekühlt
**Mixen ohne Alkohol**
(**0935**-6) Von S. Späth, 64 S., 44 Farbfotos,
Pappband. ●●

Mit und ohne Alkohol
**Longdrinks**
(**1062**-1) Von S. Edelberg, 64 S., 47 Farbfotos,
Pappband. ●●

**Light Drinks**
Mixen mit und ohne Alkohol
(**1222**-5) Von S. Edelberg, Heike Reith, 64 S.,
48 Farbfotos, Pappband. ●●

**Cocktails**
(**4267**-1) Von W. R. Hoffmann, W. Hubert,
U. Lottring, 160 S., 164 Farbfotos, 1 s/w-Foto,
Pappband. ●●●●

**Cocktails und Mixereien**
für häusliche Feste und Feiern. (**0075**-8) Von
J. Walker, 96 S., 4 Farbtafeln, kart. ●

**Die besten Punsche, Grogs und Bowlen**
(**0575**-X) Von F. Dingden, 64 S., 4 Farbt.,
kart. ●

Schlank werden nach Dr. Hay **Trennkost**
Die bewährten Vollwert-Rezepte von Ursula
Summ. (**4298**-1) Von U. Summ, 96 S.,
54 Farbfotos, 1 Zeichnung, kart. ●●

**Das große Buch der Trennkost**
Neue Rezepte von Ursula Summ
(**4498**-4) Von U. Summ, 144 S., ca. 100 Farbfotos, Pappband. ●●●

Gesund leben nach Dr. Hay
**Cholesterinarme Trennkost**
Neue Vollwert-Rezepte von Ursula Summ
(**4475**-5) Von U. Summ, 96 S., 52 Farbfotos,
kart. ●●

Eßlust statt Diätfrust
**Die Pfundskur**
(**1102**-4) Von Prof. Dr. V. Pudel, 144 S.,
8 s/w-Zeichnungen, 4 Vignetten, kart. ●

**Schlank nach Maß**
mit der Diät-Computerwaage
(**1064**-8) Von K. Alisch, 104 S., 8 Farbtafeln,
kart. ●

**Gesundes Essen für Berufstätige**
Die 4-Wochen-Vollwertkur (**1065**-6) Von
M. Weber, ca. 80 S., 8 Farbtafeln, kart. ●

# Hobby und Freizeit

Falken-Handbuch
**Zeichnen und Malen**
(**4167**-5) Von B. Bagnall, 336 S., 1154 Farbabb., Pappband. ●●●●

**Punkt, Punkt, Komma, Strich**
Zeichnen leicht gemacht
(**4721**-5) Von H. Witzig, 144 S., 512 s/w-
Zeichnungen, Pappband. ●●

**Punkt, Punkt, Komma, Strich**
Zeichenstunde für Kinder
(**0564**-4) Von H. Witzig, 144 S., über
250 Zeichnungen, kart. ●

**Einmal grad und einmal krumm**
Zeichenstunde für Kinder
(**0599**-7) Von H. Witzig, 144 S., 363 Abb.,
kartoniert. ●

**Figürliches Zeichnen**
leicht gemacht
(**1010**-9) Von H. Witzig, 112 S., 462 Figuren,
kartoniert. ●

**Airbrush**
Kreatives Gestalten mit dem Luftpinsel
(**1133**-4) Von C. M. Mette, 80 S., 145 Farbfotos, 40 Farbzeichnungen, kartoniert. ●●

**Kalligraphie**
Die Kunst des schönen Schreibens
(**4263**-9) Von C. Hartmann, 120 S., 44 Farb-
vorlagen, 29 s/w-Vorlagen, 2 s/w-Zeich-
nungen, 38 Farbfotos, Pappband. ●●●●

Gestalten mit Schrift
**Kalligraphie**
(**1044**-3) Von I. Schade, 80 S., 2 Farb- und
1 s/w-Foto, 143 Farbzeichnungen, kart. ●●

**Aquarellmalerei leicht gelernt**
Materialien · Techniken · Motive
(**0787**-6) Von T. Hinz, R. Braun, B. Zeidler,
32 S., 38 Farbfotos, 1 Zeichn., Pappband. ●

**Hobby Aquarellmalen**
Landschaft und Stilleben
(**0876**-7) Von I. Schade, A. Brück, 80 S.,
111 Farbabb., kart. ●●

**Hobby Ölmalerei**
Landschaft und Stilleben
(**0875**-9) Von H. Kämper, I. Becker, 80 S.,
93 Farbabb., kart. ●●

**Seidenmalerei in Vollendung**
(**4414**-3) Hrsg. von R. Smend, 160 S., 227
Farbfotos, 36 s/w-Fotos, geprägter Leinen-
einband mit Schutzumschlag, im Schuber.
●●●●●

**Seidenmalerei und Modedesign**
Modelle · Techniken · Schnittmuster
(**4476**-3) Von B. Hansen, 176 S., 140 Farbfotos, 93 Farb- · 68 s/w-Zeichnungen, Pappband. ●●●●

**Seidenmalerei Exklusive Tücher**
(**1303**-5) Von E. Schwinge, 80 S., 79 Farbfotos, 6 Zeichnungen, kart. ●●

**Kreative Seidenmalerei**
Motive · Muster · Farbenspiel
(**4720**-7) Von M. Neubacher-Fesser, ca.
136 S., zahlr. Farbabbildungen, Pappband.
●●●●

**Seidenmalerei als Kunst und Hobby**
(**4264**-7) Von S. Hahn, 136 S., Farbabb.,
1 s/w-Foto, Pappband. ●●●●

**Neue zauberhafte Seidenmalerei**
Motive und Anregungen aus der Natur
(**0924**-0) Von R. Henge, 80 S., 148 Farbfotos,
27 s/w-Zeichnungen, kart. ●●

Krawatten, Tücher und Fliegen individuell
gestalten
**Seidenmalerei**
(**1242**-X) Von A. Reichmann, 64 S., durchgehend vierfarbig, kart. ●●

**Kunstvolle Seidenmalerei**
Mit zauberhaften Ideen zum Nachgestalten
(**0783**-X) Von I. Demharter, 32 S., 56 Farbfotos, Pappband. ●

**Aquarellieren auf Seide**
Materialien · Techniken · Motive
(**0917**-8) Von I. Demharter, 32 S., 41 Farbfotos, Pappband. ●

**Airbrush auf Seide**
(**1342**-6) Von I. Demharter, 64 S., zahlreiche
Farbabbildungen, kart. ●●

**Seidenmalerei Bäume und Blätter**
(**5249**-0) Von D. Kosik, 32 S., 5 Farbfotos,
23 Farb- u. 13 s/w-Zeichnungen, kart. ●

**Seidenmalerei Landschaften**
(**5153**-0) Von D. Kosik, 32 S., 50 Farbfotos,
12 Zeichnungen, mit Vorlagebogen in Originalgröße, kart. ●

**Seidenmalerei Kissen**
(**5151**-4) Von I. Demharter, 32 S., 42 Farbfotos, 2 Zeichnungen, mit Vorlagebogen in
Originalgröße, kart. ●

**Seidenmalerei Blusen und T-Shirts**
(**5184**-0) Von A. Keller, 32 S., 28 Farbfotos,
12 Zeichnungen, mit Vorlagebogen in Originalgröße, kartoniert. ●

**Seidenmalerei Tücher und Schals**
(**5152**-2) Von R. Henge, 32 S., 36 Farbfotos,
1 Zeichnung, mit Vorlagebogen in Originalgröße, kart. ●

**Seidenmalerei Tiermotive**
(**5204**-9) Von A. Keller, 32 S., 37 Farbfotos,
mit Vorlagebogen in Originalgröße, kart. ●

Serti Designo
**Seidenmalerei mit Kreidestiften**
(**5208**-1) Von S. Tichy-Gibley, 32 S., 46 Farbfotos, mit Vorlagebogen in Originalgröße,
kart. ●

**Seidenmalerei Lampenschirme**
(**5154**-9) Von I. Walter-Ammon, 32 S.,
47 Farbfotos, 1 Zeichnung, mit Vorlagebogen
in Originalgröße, kart. ●

**Seidenmalerei Blüten, Blätter, Ranken**
(**5165**-4) Von D. Kosik, 32 S., 35 Farbfotos,
4 Zeichnungen, mit Vorlagebogen in Originalgröße, kart. ●

**Seidenmalerei Schmuckkarten und
Miniaturbilder**
(**5166**-2) Von I. Walter-Ammon, 32 S., 37
Farbfotos, 2 Zeichnungen, mit Vorlagebogen
in Originalgröße, kart. ●

Akzente mit Perlen, Pailetten und Straß
**Seidenmalerei**
(**5248**-0) Von A. Keller, 32 S., ca. 50 Farbfotos, mit Vorlagebogen in Originalgröße,
kart. ●

**Seidenmalerei Bilder in Konturentechnik**
(**5182**-4) Von I. Demharter, 32 S., 28 Farbfotos, 2 Zeichnungen, mit Vorlagebogen in
Originalgröße, kart. ●

**Seidenmalerei Applikationen**
(**5224**-3) Von J. Bressau, 32 S., 50 Farbfotos,
mit Vorlagebogen in Originalgröße, kart. ●

**Moderne Stoffmalerei**
(**1358**-2) Von H. Sander, ca. 64 S., zahlr. Farbabbildungen, kart. ●

**Perfekt Stricken**
Mit Sonderteil Häkeln.
(**4250**-7) Von H. Jaacks, 256 S., 703 Farbfotos, 169 Farb- und 121 s/w-Zeichnungen,
Pappband. ●●●●

Das moderne Standardwerk
**Nähen**
(**4709**-6) Von S. von Rudzinski, 176 S., vierfarbig, Pappband. ●●●●

**Marionetten**
selbst bauen und führen
(**1043**-5) Von D. Köhnen, 80 S., 150 Farbfotos,
mit Schnittmusterbogen, kartoniert. ●●

**Fingerpuppen**
Bastelspaß mit Kindern ab 5 Jahren
(**5239**-1) Von B. Höfler, P. Simm, 32 S., ca.
50 Farbabb., mit Vorlagebogen in Originalgröße, kart. ●

**Hampelmänner**
Basteln mit Kindern ab 5 Jahren
(**5240**-5) Von F. Michalski, 32 S., ca. 50 Farbabb., mit Vorlagebogen in Originalgröße,
kart. ●

**Künstlerpuppen**
im 20. Jahrhundert
(**4719**-3) Hrsg. R. Höckh, 160 S., 192 Farbfotos, 26 s/w-Fotos, Pappband. ●●●●●

**Charakterpuppen**
aus Cernit und Porzellan selbst gestalten
(**1156**-3) Von S. Becker, 64 S., 143 Farbfotos,
30 Zeichnungen, 13 Vignetten, mit Schnittmusterbogen, kartoniert. ●●

**Puppen zum Liebhaben**
(**5199**-9) Von B. Wehrle, 32 S., 27 Farbfotos,
9 s/w-Zeichnungen, mit Vorlagebogen in
Originalgröße, kartoniert. ●

**Teddybären**
Sechs beliebte Modelle
(**5159**-X) Von Y. Thalheim, H. Nadolny, 32 S.,
46 Farbfotos, 9 Zeichnungen, mit Vorlagebogen in Originalgröße, kart. ●

**Neue zauberhafte Salzteig-Ideen**
(**0719**-1) Von I. Kiskalt, 32 S., 324 Farbfotos,
12 Zeichnungen, Schablonen, kart. ●●

**Salzteig kinderleicht**
(0973-9) Von I. Kiskalt, 80 S., 224 Farbfotos, 8 Zeichnungen, kart. ●●

Kreatives gestalten mit Ton
**Töpfern ohne Scheibe – Aufbaukeramik**
(0896-1) Von A. Riedinger, 80 S., 207 Farbfotos, 16 Zeichnungen, 7 Vignetten, kart. ●●

Kreatives Gestalten mit Ton
**Töpfern auf der Scheibe**
(0971-2) Von A. Riedinger, 80 S., 28 Farb- und 3 s/w-Zeichnungen, 178 Farbfotos, kartoniert. ●●

**Hobby Glaskunst in Tiffany-Technik**
(0781-7) Von N. Köppel, 80 S., 194 Farbfotos, 6 s/w-Abb., kart. ●●

**Tiffany-Lampen selbermachen**
Arbeitsanleitung · Materialien · Modelle
(0684-5) Von I. Spliethoff, 32 S., 60 Farbfotos, 19 Zeichnungen, Pappband. ●

**Fensterbilder in Tiffany-Technik**
(5168-9) Von P. Matz, 32 S., 43 Farbfotos, mit Vorlagebogen in Originalgröße, kart. ●

**Tiffany-Technik**
und andere kunstvolle Arbeiten in Glas
(0972-0) Von D. Köhnen, 80 S., 176 Farbfotos, 5 s/w-Zeichnungen, kart. ●●

**Modeschmuck selbst modellieren**
(5196-4) Von K. Eichler, 32 S., 51 Farbfotos, mit Vorlagebogen in Originalgröße, kartoniert. ●

**Effekt-Color**
Phantasievolle Schmuck- und Deko-Ideen
(5207-3) Von A. Hahn, 32 S., 55 Farbfotos, mit Vorlagebogen in Originalgröße, kart. ●

Rocailles
**Perlenschmuck**
(5209-X) Von L. und E. Weiler, 32 S., 45 Farbfotos, 2 Zeichnungen, mit Vorlagebogen in Originalgröße, kart. ●

**Perlenschmuck**
(5221-9) Von H. Büderer, 32 S., 50 Farbfotos, mit Vorlagebogen in Originalgröße, kartoniert. ●

**Masken**
phantasievoll dekorieren
(5155-7) Von Chr. Familler, 32 S., 48 Farbfotos, mit Vorlagebogen in Originalgröße, kart. ●

**Laubsägearbeiten für das Kinderzimmer**
(5245-6) Von H.-P. Krafft, 32 S., ca. 50 Farbfotos, mit Vorlagebogen in Originalgröße, kart. ●

**Schwingtiere aus Holz gestalten**
(5222-7) Von der Arbeitsgem. Werken, 32 S., 50 Farbfotos, mit Vorlagebogen in Originalgröße, kartoniert. ●

**Drachen**
bauen und steigen lassen. (0767-1) Von W. Schimmelpfennig, 80 S., 1 dreiseitige Ausklapptafel, 55 Farbfotos, 139 Zeichnungen, kart. ●●

**Lenkdrachen**
bauen und fliegen
(1011-7) Von W. Schimmelpfennig, 64 S., 51 Farbfotos und 126 Zeichnungen, kartoniert. ●●

**Drachen**
Einfache Modelle für Kinder
(5156-5) Von W. Schimmelpfennig, 32 S., 11 Farbfotos, 31 Zeichnungen, mit Vorlagebogen, kart. ●

Das große farbige
**Bastelbuch für Kinder**
(4254-X) Von U. Barff, I. Burkhardt, J. Maier, 224 S., 157 Farbfotos, 430 Farb- und 60 s/w-Zeichnungen, mit Schnittmusterbogen, Pappband. ●●●

**Origami**
Tiere aus aller Welt
(5250-2) Von J. Maier, 32 S., 19 Farbfotos, 68 Farb- u. 16 s/w-Zeichnungen, kart. ●

**Hobby Origami**
Papierfalten für groß und klein
(0756-6) Von Z. Aytüre-Scheele, 80 S., 820 Farbfotos, kart. ●●

**Neue zauberhafte Origami-Ideen**
Papierfalten für groß und klein
(0805-8) Von Z. Aytüre-Scheele, 80 S., 720 Farbfotos, kart. ●●

**Zauberwelt Origami**
Tierfiguren aus Papier
(1045-1) Von Z. Aytüre-Scheele, 80 S., 660 Farbfotos, kartoniert. ●●

**Pergamano**
Pergamentpapier filigran gestalten
(5202-2) Von J. Allmann, 32 S., 51 Farbfotos, 5 Zeichnungen, mit Vorlagebogen in Originalgröße, kart. ●

Kreatives Gestalten mit **Papiermaché**
(5246-4) Von B. Jetzek-Berkenhaus, 32 S., ca. 50 Farbfotos, mit Vorlagebogen in Originalgröße, kart. ●

**Marmorieren**
Muster · Techniken · Gestaltungsideen
(5247-2) Von T. Hartel, 32 S., ca. 50 Farbfotos, mit Vorlagebogen in Originalgröße, kart. ●

**Heut basteln wir mit Pappe und Papier**
(4413-5) Von U. Barff, J. Maier, 224 S., 117 Farbfotos, 480 Farbzeichn., 25 s/w-Abb., mit Schnittmusterbogen, Pappband. ●●●

**Das große farbige Bastel- und Werkbuch**
(4439-9) Von D. Rex, 256 S., 999 Farbfotos, 33 Farbzeichnungen, Pappband. ●●●●

Mein liebstes Spiel- und Bastelbuch
**Die Welt der Dinosaurier**
Tiere und Landschaften zum Selbermachen
Ausbrechen, aufstellen, spielen
(4478-X) Von B. Burkart, 8 Blatt mit heraus-lösbaren Motiven, 280-g-Karton mit Stanzung, 8 S. Bastelanleitung und Sachinformation. ●●

**Fensterbilder in Scherenschnitt**
(5169-7) Von A. Hahn, 32 S., 52 Farbfotos, 3 s/w-Fotos, mit Vorlagebogen in Originalgröße, kart. ●

**Fensterbilder**
Meine Lieblingstiere
(5197-2) Von Y. Thalheim, H. Nadolny, 32 S., 38 Farbfotos, mit Vorlagebogen in Originalgröße, kartoniert. ●

**Fensterbilder Lustige Tiere**
(5210-3) Von F. Michalski, 32 S., 47 Farbfotos, mit Vorlagebogen in Originalgröße, kart. ●

**Fensterbilder Dinosaurier**
(5260-X) Von C. Hüfner, 32 S., 8 Farbfotos, 47 Farbzeichnungen, Bastelbogen, kart. ●

Mit Farben und Papieren
**Fenster dekorieren**
(5255-3) Von K. Groß, 32 S., 8 Farbfotos, 59 Farbzeichnungen, kart. ●.

**Originelle Fensterbilder**
aus Tonpapier und Tonkarton
(1305-1) Von D. Köhnen, 64 S., 70 Farbfotos, kart. ●●

**Die schönsten Fensterbilder**
(1066-3) Von C. Kimmerle, 64 S., 100 Farbfotos, 7 Zeichnungen, kartoniert. ●●

**Das Fensterbilder-Alphabet**
Basteln mit Kindern ab 5 Jahren
(5242-1) Von E. Bohne, 32 S., ca. 50 Farbabb., mit Vorlagebogen in Originalgröße, kart. ●

**Märchenhafte Fensterbilder**
(5185-9) Von J. Maier, 32 S., 37 Farbfotos, mit Vorlagebogen in Originalgröße, kart. ●

**Fensterbilder Blumen und Tiere**
(5186-7) Von M. Twachtmann, 32 S., 41 Farbfotos, 2 Zeichnungen, mit Vorlagebogen in Originalgröße, kartoniert. ●

**Fensterschmuck**
Originelle Ideen für Dekorationen und Fensterbilder
(1241-1) Von D. Köhnen, 64 S., ca. 70 Farbfotos, mit Vorlagebogen, kart. ●●

**Papierflieger**
(5157-3) Von T. Gött, 32 S., 73 Farbfotos, 19 Zeichnungen, mit Vorlagebogen in Originalgröße, kart. ●

**Windspielzeug**
Bastelspaß mit Kindern ab 5 Jahren
(5241-3) Von D. Köhnen, 32 S., ca. 50 Farbabb., mit Vorlagebogen in Originalgröße, kart. ●

**Faltschnitte**
(5257-X) Von B. Blankenburg, 32 S., 12 Farbfotos, 42 Farbzeichnungen, Vorlagebogen, kart. ●

**Laternen und Lampions**
(5206-5) Von C. Hüfner, 32 S., 60 Farbfotos, mit Vorlagebogen in Originalgröße, kart. ●

**Mobiles aus Papier**
(5183-2) Von J. Maier, 32 S., 17 Farbfotos, 35 Farbzeichnungen, mit Vorlagebogen in Originalgröße, kartoniert. ●

**Tiermobiles**
(5258-8) Von C. Hüfner, 32 S., 57 Farbzeichnungen, Vorlagebogen, kart. ●

**Bastelideen für Indianerspiele**
(5252-9) Von B. Nelich, D. Velte, 32 S., 38 Farbfotos, Vorlagebogen, kart. ●

Der große Verkleidungsspaß
**Kinderkostüme**
(1304-3) Von C. Baumgarten, 53 Farbfotos, 183 Farbzeichnungen, Vorlagebogen, kart. ●●

**Schachteln basteln und dekorieren**
(5170-0) Von Chr. Adjano, 32 S., 55 Farbfotos, mit Vorlagebogen in Originalgröße, kart. ●

Deco Art
**Die Kunst, Geschenke zu verpacken**
(0949-6) Von B. Niermann, 80 S., 78 Farbfotos, 191 Zeichnungen, kart. ●●

**Geschenke wunderschön verpacken**
(1113-X) Von P. Jansen, 80 S., 79 Farbfotos, 166 Farbzeichnungen, kart. ●●

**Geschenke umweltfreundlich verpacken**
(1240-3) Von P. Jansen, 64 S., vierfarbige Fotos und Illustrationen, kart. ●●

**Geldgeschenke**
für Kinder originell verpacken
(5253-7) Von S. Boczkowski-Sigges, 32 S., 31 Farbfotos, Vorlagebogen, kart. ●

**Geldgeschenke**
phantasievoll gestalten
(5251-0) Von P. Jansen, 32 S., 49 Farbfotos, Vorlagebogen, kart. ●

**Kleine Geschenke selbst basteln**
(5259-6) Von M. Schorege, 32 S., 13 Farbfotos, 44 Farbzeichnungen, Vorlagebogen, kart. ●

**Geldgeschenke · Gutscheine · Geschenkanhänger**
originell gestalten und verpacken
(1115-6) Von S. Haenitsch-Weiß, A. Weiß, 80 S., 176 Farbfotos, kart. ●●

**Geschenke verpacken für Kinderfeste**
(5195-6) Von C. Netolitzky, 32 S., 43 Farbfotos, mit Vorlagebogen in Originalgröße, kartoniert. ●

Originelles Ambiente für Gäste
**Festdekorationen**
(1049-4) Von B. Niermann, 80 S., 125 Farbfotos, 59 Farbzeichn., kartoniert. ●●

**Dekorative Schleifen**
aus Bändern und Papier
(5205-7) Von M. Schorege, 32 S., 28 Farbfotos, 31 Farbzeichnungen, mit Vorlagebogen in Originalgröße, kart. ●

Dekorieren und Arrangieren mit
**Seidenblumen**
(5200-6) Von M. L. Sprang, 32 S., 37 Farbfotos, 14 Farbzeichnungen, mit Vorlagebogen
in Originalgröße, kartoniert. ●

**Glückwunschkarten**
(5179-4) Von A. Kolb, B. Michel, 32 S.,
54 Farbfotos, mit Vorlagebogen in Originalgröße, kartoniert. ●

**Schmuck- und Glückwunschkarten**
Papierarchitektur · Collagen · Faltschnittkarten
(1114-8) Von C. Sanladerer, 64 S., 55 Farbfotos, 31 Zeichnungen, kart. ●●

**Einladungs-, Tisch- und Menükarten**
selbst gestalten
(1302-7) Von S. Haenitsch-Weiß, 80 S.,
zahlreiche Farbabbildungen, kart. ●●

**Osterschmuck**
Neue Ideen für Kränze, Sträuße, Gestecke
(5267-7) Von I. Gleim, ca. 32 S., zahlreiche
Farbabbildungen, kart. ●

**Ostereier originell dekorieren**
(5219-7) Von W. Velte, 32 S., 44 Farbfotos,
mit Vorlagebogen in Originalgröße, kartoniert. ●

**Dekorationen für Ostern**
(5198-0) Von Y. Thalheim, H. Nadolny, 32 S.,
48 Farbfotos, mit Vorlagebogen in Originalgröße, kartoniert. ●

**Fensterbilder für die Osterzeit**
(5244-8) Von R. Lübke, D. Lübke, 32 S., ca.
50 Farbfotos, mit Vorlagebogen in Originalgröße, kart. ●

**Basteln für Ostern**
(5164-6) Von Chr. Adjano, 32 S., 47 Farbfotos,
mit Vorlagebogen in Originalgröße,
kartoniert. ●

**Ostereier**
Basteln mit Kindern ab 5 Jahren
(5243-X) Von Vera Ettelt, 32 S., mit Spiele-
bogen, kart. ●

**Tischdekorationen für Ostern**
(5220-0) Von Chr. Adjano, 32 S., 49 Farbfotos, mit Vorlagebogen in Originalgröße,
kartoniert. ●

**Weihnachtsgeschenke schön verpacken**
Schachteln · Dekorationen · Geschenkpapiere
(4469-0) Von Present Team, 10 vierfarbige
Bogen 250-g-Karton mit Stanzung, 4 Bogen
Geschenkpapier + 4 S. Einleitung. ●●●

Basteln und dekorieren für
**Advent und Weihnachten**
(4446-1) Von G. Teusen, 176 S.,
285 Farbfotos, mit Bastelvorlagebogen,
Pappband. ●●●

Lustige Bastelideen für die
**Weihnachtszeit**
(5256-1) Von B. Löschenkohl, 32 S., 8 Farbfotos, 69 Farbzeichnungen, Vorlagebogen,
kart. ●

**Basteln für Weihnachten**
(5162-X) Von Chr. Adjano, 32 S., 44 Farbfotos,
mit Vorlagebogen in Originalgröße, kartoniert. ●

**Fensterdekorationen für die
Weihnachtszeit**
(5181-6) Von Y. Thalheim, H. Nadolny, 32 S.,
33 Farbfotos, mit Vorlagebogen in Originalgröße, kartoniert. ●

**Fensterbilder für Advent und
Weihnachten**
(5211-1) Von M. Schorege, 32 S., 24 Farbfotos,
15 Zeichnungen, mit Vorlagebogen in Originalgröße, kartoniert. ●

**Adventskränze und weihnachtliche
Gestecke**
(5203-0) Von Y. Thalheim, H. Nadolny, 32 S.,
43 Farbfotos, mit Vorlagebogen in Originalgröße, kartoniert. ●

**Adventskalender**
(5178-6) Von Y. Thalheim, H. Nadolny, 32 S.,
35 Farbfotos, mit Vorlagebogen in Originalgröße, kartoniert. ●

**Duftsträuße und Potpourris**
(1239-X) Von A. Effelsberg, 80 S.,
ca. 200 vierfarbige Abb., kart. ●●

**Trockenblumenideen**
Gewürzsträuße, Gestecke, Kränze, Buketts
(0643-8) Von R. Strobel-Schulze, 88 S.,
170 Farbfotos, kartoniert. ●●

**Neue zauberhafte Trockenblumen-Ideen**
(0821-X) Von R. Strobel-Schulze, 80 S.,
163 Farbfotos, kart. ●●

**Phantasievolles Schminken**
Verzauberte Gesichter für Maskeraden,
Laienspiele und Kinderfeste
(0907-0) Hrsg.: H. u. Y. Nadolny, 64 S.,
227 Farbfotos, kartoniert. ●●

**Schminken für Kinder**
(5177-8) Von Y. Thalheim, H. Nadolny, 32 S.,
68 Farbfotos, mit Vorlagebogen in Originalgröße, kartoniert. ●

**Moderne Fotopraxis**
(4401-1) Von G. Koshofer, Prof. H. Wedewardt,
224 S., 363 Farbfotos, 106 s/w-Fotos, 5 Farb-
und 24 s/w-Zeichnungen, Pappband. ●●●●

**Mach dir ein Bild**
Praxistips für Foto, Film und Video
(4410-0) Von G. Staab, 208 S., 202 Farbfotos,
175 s/w-Fotos, 1 Zeichnung, Pappband.
●●●●

**So macht man bessere Fotos**
(1158-X) Von G. Koshofer, 144 S., 259 Farbfotos, 25 s/w-Fotos, kartoniert. ●●

**Videografieren**
Filmen mit Video 8. Technik – Bildgestaltung
– Schnitt – Vertonung.
(0843-0) Von M. Wild, K. Möller, 120 S., 101
Farbfotos, 22 s/w-Fotos, 52 Zeichnungen,
kart. ●●●

**Videografieren perfekt**
Profitricks für Aufnahmetechnik und
Nachbearbeitung
(0969-0) Von W. Schild, 120 S., 144 Farbabb.,
5 s/w-Zeichnungen, kart. ●●●

# Do it yourself und Technik

Do it yourself
**Heimwerken**
(4117-9) Von T. Pochert, 456 S., 1103 Farbfotos, 100 Farbabb., Pappband. ●●●●

**Drechseln**
Material · Technik · Beispiele
(1306-X) Von O. Maier, 72 S., 195 Farbabbildungen, 14 s/w-Zeichnungen, kart. ●●

Do it yourself
**Dachgeschoß- und Innenausbau**
(1243-8) Von C. von Mallinckrodt, ca. 96 S.,
zahlreiche vierfarbige Fotos und Zeichnungen,
kart. ●●

Do it yourself
**Sanitärinstallationen**
(1118-0) Von W. Kawlath, 96 S., 214 Farbabbildungen, kartoniert. ●●

Do it yourself
**Metall bearbeiten**
(1119-9) Von O. Maier, 96 S., 230 Farbfotos,
6 s/w-Zeichnungen, kartoniert. ●●

Do it yourself
**Elektroarbeiten**
(0975-5) Von K. H. Schubert, 120 S., 193 Farbfotos, 40 Zeichnungen, kartoniert. ●●

**Alarmanlagen**
für Wohnung, Haus, Auto
(1308-6) Von H.-W. Bastian, ca. 64 S., zahlreiche Farbabbildungen, kart. ●●

**Hifi-Boxen**
(1307-8) Von P. Röbke-Doerr, J. Knoff-Beyer,
ca. 80 S., zahlreiche Farbabbildungen,
kart. ●●

**Restaurieren von Möbeln**
Stilkunde, Materialien, Techniken, Arbeits-
anleitungen in Bildfolgen.
(4120-9) Von E. Schnaus-Lorey, 152 S.,
37 Farbfotos, 75 s/w-Fotos, 352 Zeichnungen, Pappband. ●●●●

**Elektronik als Hobby**
Von der Grundlagenschaltung zum integrier-
ten Schaltkreis
Mit 8 wichtigen Universalplatinen
(4293-0) Von W. Priesterath, 264 S., 80 s/w-
Fotos, 128 Zeichnungen, Pappband. ●●●●

**Kleine Welt auf Rädern**
Das faszinierende Spiel mit **Modelleisen-
bahnen** (4175-6) Von F. Eisen, 256 S.,
72 Farb- und 180 s/w-Fotos, 25 Zeichnungen,
Pappband. ●●●●

**Die Super-Sportwagen der Welt**
(4423-2) Von H. G. Isenberg, 194 S., 184 Farbfotos, 4 farbige Ausklapptafeln, 32 s/w-Fotos,
Pappband. ●●●●

**Die Super-Oldtimer der Welt**
(4465-8) Von H. G. Isenberg, 194 S.,
161 Farb- und 36 s/w-Fotos, 4 Ausklapptafeln,
Pappband. ●●●●

**Die Super-Rennwagen der Welt**
(4707-X) Von H. G. Isenberg, 194 S., 189
Farbfotos, 31 s/w-Fotos, Pappband. ●●●●

**Die Super-Trucks der Welt**
(4257-4) Von H. G. Isenberg, 194 S., 205 Farbfotos, 87 s/w-Fotos, 7 Farbzeichnungen,
4 farb. Ausklapptafeln, Pappband. ●●●●

**Die Super-Motorräder der Welt**
(4193-4) Von H. G. Isenberg, 192 S.,
170 Farb- und 100 s/w-Fotos, 8 Zeichnungen,
Pappband. ●●●●

**Die Super-Eisenbahnen der Welt**
(4287-6) Von W. Kosak, H. G. Isenberg,
224 S., 269 Farbfotos, 79 s/w-Fotos,
8 Vignetten, 5 farb. Ausklapptafeln,
Pappband. ●●●●

**Die Super-Dampfloks der Welt**
(4480-1) Von H. Faust, H. G. Isenberg, 194 S.,
193 Farbfotos, mit vier Ausklapptafeln,
Pappband. ●●●●

**Plastikmodellbau**
Autos, Schiffe, Flugzeuge in vollendeter
Technik.
(1116-4) Von W. Kawlath, 96 S., 272 Farbabbildungen, kartoniert. ●●

# Sport und Fitneß

**Olympia '92**
Barcelona, Albertville
(4713-4) Von H. Faßbender, 272 S., 414 Farbfotos, Pappband. ●●●●

**Neue Lehrmethoden der Judo-Praxis**
(0424-9) Von P. Herrmann, 223 S., 475 Abb.,
kartoniert. ●●

**Judo perfekt 1**
(1249-7) Von K. Fuchs, 128 S., kart. ●●

**Fußwürfe**
für Judo, Karate und Selbstverteidigung.
(0439-7) Von H. Nishioka, übers. von H. J.
Heese, 96 S., 260 Abb., kart. ●●

**Karate 1**
zur Selbstverteidigung
(1312-4) Von M. Nakayama, 96 S., 315
s/w-Fotos, 5 Zeichn., kart. ●●

**Karate 2**
zur Selbstverteidigung
(**1362**-0) Von M. Nakayama, ca. 96 S., zahlr. s/w-Abb., kart. ●●

**Nakayamas Karate perfekt 1**
Einführung.
(**0487**-7) Von M. Nakayama, 136 S., 605 s/w-Fotos, kart. ●●

**Nakayamas Karate perfekt 2**
Grundtechniken.
(**0512**-1) Von M. Nakayama, 136 S., 354 s/w-Fotos, 53 Zeichnungen, kart. ●●

**Nakayamas Karate perfekt 3**
Kumite 1: Kampfübungen.
(**0538**-5) Von M. Nakayama, 128 S., 424 s/w-Fotos, kart. ●●

**Nakayamas Karate perfekt 4**
Kumite 2: Kampfübungen.
(**0547**-4) Von M. Nakayama, 128 S., 394 s/w-Fotos, kart. ●●

**Nakayamas Karate perfekt 5**
Kata 1: Heian, Tekki.
(**0571**-7) Von M. Nakayama, 144 S., 1229 s/w-Fotos, kart. ●●

**Nakayamas Karate perfekt 6**
Kata 2: Bassai-Dai, Kanku-Dai.
(**0600**-4) Von M. Nakayama, 144 S., 1300 s/w-Fotos, 107 Zeichnungen, kart. ●●

**Nakayamas Karate perfekt 7**
Kata 3: Jitte, Hangetsu, Empi.
(**0618**-7) Von M. Nakayama, 144 S., 1988 s/w-Fotos, 105 Zeichnungen, kart. ●●

**Nakayamas Karate perfekt 8**
Gankaku, Jion.
(**0650**-0) Von M. Nakayama, 144 S., 1174 s/w-Fotos, 99 Zeichnungen, kart. ●●

**Karate**
(**2308**-1) Von A. Pflüger, 96 S., 134 Farbfotos, 4 s/w-Zeichnungen, kart. ●●

**Bo-Karate**
Habo-Jitsu – die Techniken des Stockkampfes.
(**0447**-8) Von G. Stiebler, 176 S., 424 s/w-Fotos, 38 Zeichnungen, kart. ●●

**Karate 1**
Einführung · Grundtechniken.
(**0227**-0) Von A. Pflüger, 144 S., 195 s/w-Fotos, 120 Zeichnungen, kart. ●

**Karate 2**
Kombinationstechniken · Katas.
(**0239**-4) Von A. Pflüger, 176 S., 452 s/w-Fotos und Zeichnungen, kart. ●●

**Karate Kata 1**
Heian 1–5, Tekki 1, Bassai-Dai.
(**0683**-7) Von W.-D. Wichmann, 164 S., 703 s/w-Fotos, kart. ●●

**Karate Kata 2**
Jion, Empi, Kanku-Dai, Hangetsu.
(**0723**-X) Von W.-D. Wichmann, 140 S., 661 s/w-Fotos, 4 Zeichnungen, kart. ●●

**Karate Kata 3**
Bassai Sho, Kanku Sho, Nijushiho, Sochin.
(**1120**-2) Von W.-D. Wichmann, 144 S., 598 s/w-Fotos, 4 Grafiken, kart. ●●

**Bruce Lees Kampfstil 1**
Grundtechniken
(**0473**-7) Von B. Lee, M. Uyehara, 109 S., 220 Abb., kart. ●

**Bruce Lees Kampfstil 2**
Selbstverteidigungs-Techniken
(**0486**-9) Von B. Lee, M. Uyehara, 128 S., 310 Abb., kart. ●

**Bruce Lees Kampfstil 3**
Trainingslehre
(**0503**-2) Von B. Lee, M. Uyehara, 112 S., 246 Abb., kart. ●

**Bruce Lees Kampfstil 4**
Kampftechniken
(**0532**-7) Von B. Lee, M. Uyehara, 104 S., 211 Abb., kart. ●


**Kung-Fu 1**
Legende · Philosophie · Grundtechniken
(**0891**-0) Von Chr. Yim, 152 S., 401 s/w-Fotos, 2 s/w-Zeichnungen, kart. ●●

**Kung-Fu und Thai-Chi**
Grundlagen und Bewegungsabläufe
(**0367**-6) Von B. Tegner, 182 S., 370 s/w-Fotos, kart. ●●

**Kung Fu**
Theorie und Praxis klassischer und moderner Stile
(**0376**-5) Von M. Pabst, 160 S., 330 Abbildungen, kartoniert. ●●

**Bruce Lees Jeet Kune Do**
(**0440**-0) Von B. Lee, 192 S., mit 105 eigenhändigen Zeichnungen von B. Lee, kart. ●●

**Shaolin-Kempo – Kung-Fu**
Chinesisches Karate im Drachenstil.
(**0395**-1) Von R. Czerni, K. Konrad, 246 S., 723 Abb., kart. ●●

**Kickboxen**
Fitneßtraining und Wettkampfsport.
(**0795**-7) Von G. Lemmens, 96 S., 208 s/w-Fotos, 23 Zeichnungen, kart. ●●

**Ninja 1**
Die Lehre der Schattenkämpfer.
(**0758**-2) Von S. K. Hayes, übers. von J. Schmit, 144 S., 137 s/w-Fotos, kart. ●●

**Ninja 2**
Die Wege zum Shoshin.
(**0763**-9) Von S. K. Hayes, übers. von J. Schmit, 160 S., 309 s/w-Fotos, 2 Zeichnungen, kart. ●●

**Ninja 3**
Der Pfad des Togakure-Kämpfers.
(**0764**-7) Von S. K. Hayes, übers. von J. Schmit, 144 S., 197 s/w-Fotos, 2 Zeichnungen, kart. ●●

**Ninja 4**
Das Vermächtnis der Schattenkämpfer.
(**0807**-4) Von S. K. Hayes, übers. von J. Schmit, 196 S., 466 s/w-Fotos, kart. ●●

**Taekwondo perfekt 1**
Die Formenschule bis zum Blaugurt.
(**0890**-2) Von K. Gil, Kim Chul-Hwan, 176 S., 439 s/w-Fotos, 107 Zeichnungen, kart. ●●

**Taekwondo perfekt 2**
Die Formenschule von Blau- bis zum Schwarzgurt.
(**0976**-3) Von K. Gil, K. Chul-Hwan, 192 S., 461 s/w-Fotos, 112 Zeichnungen, kart. ●●

**Taekwondo perfekt 3**
(**1068**-0) Von K. Gil, K. Chul-Hwan, 200 S., 429 s/w-Fotos, kartoniert. ●●●

**Taekwondo perfekt 4**
(**1250**-0) Von K. Gil, 160 S., zahlreiche s/w-Fotos und Schrittdiagramme, 17 Übungstafeln zum Herausnehmen, kart. ●●●

**Ju-Jutsu 1**
Grundtechniken · Moderne Selbstverteidigung.
(**0276**-9) Von W. Heim, F. J. Gresch, 164 S., 450 s/w-Fotos, 8 Zeichn., kart. ●

**Ju-Jutsu 2**
für Fortgeschrittene und Meister.
(**0378**-1) Von W. Heim, F. J. Gresch, 160 S., 798 s/w-Fotos, kart. ●●

**Ju-Jutsu 3**
Spezial-, Gegen- und Weiterführungs-Techniken · Stockkampfkunst.
(**0485**-0) Von W. Heim, F. J. Gresch, 200 S., über 600 s/w-Fotos, kart. ●●

**Aikido**
Lehren und Techniken des harmonischen Weges.
(**0537**-7) Von R. Brand, 280 S., 697 Abb., kart. ●●


**Hap Ki Do**
Koreanische Selbstverteidigung nach dem Lehrsystem des Großmeisters.
(**0379**-X) Von Kim Sou Bong, 112 S., 152 Abb., kart. ●●

**Dynamische Tritte**
Grundlagen für den Zweikampf.
(**0438**-9) Von C. Lee, 96 S., 398 s/w-Fotos, 10 Zeichnungen, kart. ●●

**Super-Tritte**
(**1248**-9) Von W. Wallace, 136 S., kart. ●●

**Selbstverteidigung**
Abwehrtechniken für Sie und Ihn.
(**0853**-8) Von E. Deser, 96 S., 259 s/w-Fotos, kart. ●

Die Faszination athletischer Körper
**Bodybuilding**
mit Weltmeister Ralf Möller.
(**4281**-7) Von R. Möller, 128 S., 169 Farbfotos, 14 s/w-Fotos, 1 Farbzeichnung, Pappband. ●●●●

**Ladyfitneß**
Das neue Körperbewußtsein der Frau
Bodyshaping · Körperpflege · Ernährung · Entspannung
(**4433**-X) Von Prof. Dr. S. Starischka, B. Grabis, D. von Cramm, G. W. Kienitz, 128 S., 227 Farbfotos, Pappband. ●●●●

**Bodybuilding für Frauen**
Wege zu Ihrer Idealfigur
(**0661**-6) Von H. Schulz, 112 S., 84 s/w-Fotos, 4 Zeichnungen, kart. ●

**Bodybuilding**
(**2314**-6) Von L. Spitz, 112 S., 203 Farbabbildungen, 10 Tabellen. ●●

**Leistungsfähiger durch Krafttraining**
Eine Anleitung für Fitness-Sportler, Trainer und Athleten.
(**0617**-9) Von W. Kieser, 96 S., 20 s/w-Fotos, 62 Zeichnungen, kart. ●

**Krafttraining**
Wirbelsäulengerechte Übungen an und mit Geräten
(**1309**-4) Von A. Balk, 40 S., 8 Bildtafeln, Spiralbindung. ●●

**Hanteltraining zu Hause**
(**0800**-7) Von W. Kieser, 80 S., 71 s/w-Fotos, 4 Zeichnungen, kartoniert. ●

**Fit und gesund**
Fitneßtraining und Bodybuilding zu Hause.
Trainingsprogramme für Ihr Wohlbefinden.
(**0782**-5) Von Prof. Dr. S. Starischka, 80 S., 100 Farbfotos, 3 Zeichnungen, kart. ●●

**Optimale Ernährung**
für Krafttraining und Bodybuilding.
(**0912**-7) Von B. Dahmen, 88 S., 8 Farbtafeln, 8 Zeichnungen, kart. ●

**Fit mit Bio-Training**
für Kraft, Ausdauer und Schnelligkeit.
(**2310**-3) Von L. Spitz, 112 S., 197 Farbfotos, 11 Farb- und 4 s/w-Zeichnungen, kart. ●●

**Aufwärmen**
Übungen und Programme für Sport und Spiel
(**1311**-6) Von Dr. H. Wolff, 40 S., 8 Bildtafeln, Spiralbindung. ●●●

**Fitneßtraining**
Empfohlen vom Deutschen Sportbund
(**1245**-4) Von Marianne Schreiber, 32 S., Spiralbindung mit Ausklapptafeln. ●●

**Wirbelsäulengymnastik**
Empfohlen vom Deutschen Sportbund
(**1246**-2) Von L. Keller, 40 S., Spiralbindung mit Ausklapptafeln. ●●

**Stretching**
Empfohlen vom Deutschen Sportbund
(**1247**-0) Von A. Balk, 40 S., Spiralbindung mit Ausklapptafeln. ●●

**Gesund und fit durch Konditionstraining und Wirbelsäulengymnastik**
(0844-9) Von R. Milser und K. Grafe, 104 S., 99 Farbfotos, 12 Farbzeichnungen, 5 s/w-Zeichnungen, kart. ●●

**Fit mit Tai Chi**
als sanfte Körpererfahrung
(2305-7) Von B. u. K. Moegling, 112 S., 121 Farbfotos, 6 Farb- u. 4 s/w-Zeichnungen, kart. ●●

**Isometrisches Training**
Übungen für Muskelkraft und Entspannung.
(0529-6) Von L. M. Kirsch, 104 S., 150 s/w-Fotos, kart. ●●

**Stretching**
Mit Dehnungsgymnastik zu Entspannung, Geschmeidigkeit und Wohlbefinden.
(0717-5) Von H. Schulz, 80 S., 90 s/w-Fotos, kart. ●

**Stretching**
(2304-9) Von B. Kurz, 96 S., 255 Farbfotos, kart. ●●

**Gesund und fit durch Gymnastik**
(0366-8) Von H. Pilss-Samek, 88 S., 130 Abb., kart. ●

**Fit und frisch**
Gymnastik für die ganze Familie
(6501-9) Von G. Sieber, 104 S., 306 Farbfotos, 5 Farbzeichnungen, kart., mit Audiokassette, Laufzeit 30 Min. ●●●

**Fit mit Laufen**
(2315-4) Von W. Sonntag, 96 S., 60 Farbfotos, 8 Farbzeichnungen, kart. ●●

**ZDF Sportjahr 92**
Rekorde · Siege · Schicksale · Ergebnisse
(4729-0) Hrsg. B. Heller, 208 S., 306 Farbf., Pappband. ●●●

**Freeclimbing**
Technik und Training
(1251-9) Von T. Strobl, 144 S., durchgehend vierfarbig, kart. ●●●

**Skateboard**
Material · Technik · Fahrpraxis
(1104-0) Von F. Böhm, M. Rieger, 96 S., 321 Farbabbildungen, kartoniert. ●●●

**Fit mit Sportschießen**
(2312-X) Von H. Gabelmann, 96 S., 44 Farbabbildungen, 3 s/w-Fotos, 19 s/w-Zeichnungen, kart. ●●

**Fechten**
Florett · Degen · Säbel.
(0449-4) Von E. Beck, 88 S., 185 Fotos, 10 Zeichnungen, kart. ●●

**Fit mit Sportabzeichen**
(2307-3) Von G. Hennige, 104 S., 107 Farbfotos, kart. ●●

**Fit mit Volleyball**
(2302-2) Von Dr. A. Scherer, 104 S., 27 Farb- und 1 s/w-Foto, 12 Farb- und 29 s/w-Zeichnungen, kart. ●●

**Fußball**
(2309-X) Von H. Obermann, P. Walz, 112 S., 47 Farbfotos, 18 Farb- und 25 s/w-Zeichnungen, kart. ●●

**Sepp Maier**
**Super-Torwart-Training**
(4451-8) Von S. Maier, 168 S., 30 Farb- und 34 s/w-Fotos, 236 zweifarbige Zeichnungen, Pappband. ●●●

**SportRegeln Fußball**
Die offiziellen Regeln
Wissenswertes von A bis Z
(1096-6) 104 S., 36 s/w-Fotos, 27 Zeichnungen, kart. ●●

**Handball**
Technik · Taktik · Regeln.
(0426-5) Von F. und P. Hattig, 128 S., 91 s/w-Fotos, 121 Zeichnungen, kart. ●●

**Handball**
Grundlagen für Training und Spiel
(2321-9) Von H.-P. Oppermann, 120 S., 39 Farbtafeln, 12 s/w-Fotos, 108 Farbzeichnungen, kartoniert. ●●

**SportRegeln Handball**
Die offiziellen Regeln
Wissenswertes von A bis Z
(1099-6) 88 S., 32 s/w-Fotos, 14 Zeichnungen, kart. ●

**SportRegeln Rugby**
Die offiziellen Regeln
Wissenswertes von A bis Z
(1216-0) 96 S., zahlreiche zweifarbige Abb., kart. ●

**Tennis**
Technik · Taktik · Regeln.
(0375-7) Von W. u. S. Taferner, 112 S., 81 Abb., kart. ●

**SportRegeln Tennis**
Die offiziellen Regeln
Wissenswertes von A bis Z
(1097-4) 88 S., 24 s/w-Fotos, 6 Zeichnungen, kart. ●

**Tischtennis-Technik**
Der individuelle Weg zu erfolgreichem Spiel.
(0775-2) Von M. Perger, 144 S., 296 Abb., kart. ●●

**SportRegeln Tischtennis**
Die offiziellen Regeln
Wissenswertes von A bis Z (1252-7) 96 S., zahlreiche zweifarbige Abb., kart. ●

**Badminton**
Technik · Taktik · Training.
(0699-3) Von K. Fuchs, L. Sologub, 168 S., 51 Abb., kart. ●●

**Squash**
(2311-1) Von P. Langhammer, R. Michna, 96 S., 86 Farbfotos, 13 Farbzeichn., kart. ●●

**Squash**
Ausrüstung · Technik · Regeln
(0539-3) Von D. von Horn, H.-D. Stünitz, 96 S., 55 s/w-Fotos, 25 Zeichnungen, kart. ●

**SportRegeln Squash**
Die offiziellen Regeln
Wissenswertes von A bis Z
(1100-8) 64 S., 11 s/w-Fotos, 23 Zeichnungen, kart. ●

**SportRegeln Golf**
(1315-9) Ca. 96 S., zahlr. s/w- Abb., kart. ●

**Golf**
Ausrüstung und Technik.
(0343-9) Von J. C. Jessop, 96 S., 57 Abb., Anhang Golfregeln des DGV, kart. ●

**Eishockey**
Lauf- und Stocktechnik, Körperspiel, Taktik, Ausrüstung und Regeln.
(0414-1) Von J. Capla, 264 S., 548 s/w-Fotos, 163 Zeichnungen, kart. ●●●

**Billard**
Grundstöße · Viertelbillard und Freie Partie
(1313-2) Von Dr. H. Stingel, ca. 128 S., ca. 200 Farbabb., kart. ●●●

Grundlagen für Training und Spiel
**Pool-Billard**
(2318-9) Von B. Pejcic, R. Meyer, 96 S., durchgehend vierfarbig, kart. ●●

**Pool-Billard**
(0484-2) Herausgegeben vom Deutschen Pool-Billard-Bund. Von M.Bach, K.-W. Kühn, 104 S., 64 Abb., kart. ●

**Reiten**
(2322-7) Von T. Eckholt, 128 S., durchgehend vierfarbig, kart. ●●

**Tanzstunde**
Das Welttanzprogramm leicht gelernt
(4409-2) Von G. Hädrich, 164 S., 489 s/w-Fotos, 63 Zeichnungen, Pappband. ●●●

**Wir lernen Tanzen**
(0200-9) Von E. Fern, 152 S., 119 s/w-Fotos, 47 Zeichnungen, kartoniert. ●●

Anmutig und fit durch
**Bauchtanz**
(0911-9) Von Marta, 120 S., 229 Farbfotos, 6 s/w-Zeichnungen, kart. ●●●

**Sporttauchen**
Theorie und Praxis des Gerätetauchens
(0647-0) Von S. Müßig, 144 S., 8 Farbtafeln, 35 s/w-Fotos, 89 Zeichnungen, kart. ●●

**Fit mit Sporttauchen**
(2320-0) Von Dr. F. Naglschmid, 112 S., 71 Farbfotos, 23 Farbzeichnungen, kart. ●●

**Angelfischerei von Aal bis Zander**
Fische · Geräte · Technik.
(0324-2) Von H. Oppel, 72 S., 16 Farbtafeln, 49 s/w-Abb., kart. ●●

**Angeln**
Kleine Fibel für den Sportfischer.
(0198-3) Von E. Bondick, 80 S., 4 Farbtafeln, 116 Abb., kart. ●

**Fit mit Surfen**
(2317-3) Von H. Mönster, K.-H. Eden, B. Bohr, 104 S., 110 Farbfotos, 23 s/w-Zeichnungen, kartoniert. ●●

**TELESKI**
Skigymnastik perfekt
(1037-0) Von M. Vorderwülbecke, G. Kern, 120 S., 220 Farbfotos, 16 farbige Grafiken, 19 Farbzeichnungen, kartoniert. ●●

**Snowboarding**
Ausrüstung · Fahrtechnik · Wettkämpfe
Videokassette (6139-0) VHS, ca. 45 Min., in Farbe. ●●●●*

**Fibel für Kegelfreunde**
Sport- und Freizeitkegeln · Bowling
(0191-6) Von G. Bocsai, 72 S., 62 Abb., kart. ●

**111spannende Kegelspiele**
(2031-7) Von H. Regulski, 80 S., 53 Zeichnungen, kart. ●

Beliebte und neue
**Kegelspiele**
(0271-8) Von H. Regulski, 92 S., 62 Abbildungen, kartoniert. ●

# Mensch und Gesundheit

Der moderne Ratgeber
**Wir werden Eltern**
Schwangerschaft · Geburt · Erziehung des Kleinkindes.
(4269-8) Von B. Nees-Delaval, 376 S., 335 2-farbige Abb., Pappband. ●●●●

**Ich bekomme ein Baby**
Wegweiser für Schwangerschaft und Geburt
(1254-3) Von B. Nees-Delaval, 144 S., durchgehend zweifarbig, kart. ●●

**Wenn der Mensch zum Vater wird**
Ein heiter-besinnlicher Ratgeber
(4259-0) Von D. Zimmer, 160 S., 20 Zeichnungen, Pappband. ●●

Vorbereitung auf die Geburt und
**Schwangerschaftsgymnastik**
Atmung, Rückbildungsgymnastik,
(0251-3) Von B. Buchholz, 112 S., 98 s/w-Fotos, kartoniert. ●

**Die Kunst des Stillens**
nach neusten Erkenntnissen (0701-9) Von Prof. Dr. med. E. Schmidt, S. Brunn, 112 S., 20 Fotos und Zeichnungen, kart. ●

**Das Babybuch**
Pflege · Ernährung · Entwicklung
(0531-8) Von A. Burkert, 96 S., 76 zweifbg. Zeichnungen, 22 s/w-Fotos, kart. ●●

**Babyfitneß**
Massage, Spiele, Gymnastik und Schwimmen für Kinder im 1. Lebensjahr
(1034-6) Von G. Zeiß, 112 S., 179 zweifarbige Illustrationen, , kartoniert. ●●

**Wenn Kinder krank werden**
Medizinischer Ratgeber für Eltern
(4240-X) Von B. Nees-Delaval, 232 S., 163 Zeichnungen, Pappband. ●●●

**Keinen Mann um jeden Preis**
Das neue Selbstverständnis der Frau in der Partnerbeziehung
(4440-2) Von Shere Hite, Kate Colleran, 208 S., Pappband. ●●●

**Total verknallt ... und keine Ahnung?**
Alles über Liebe, Sex und Zärtlichkeit
(1024-9) Von H. Bruckner, R. Rathgeber, 104 S., 38 Abbildungen, kartoniert. ●●

Streicheleinheiten für Körper und Seele
**Partnermassage**
(4444-5) Von Chr. Unseld-Baumanns, 136 S., 145 Farbfotos, Pappband. ●●●●

**Wörterbuch der Medizin**
(4535-2) 400 S., 229 Farbf., Pappband. ●●●●

**Bildatlas des menschlichen Körpers**
(4177-2) Von G. Pogliani, V. Vannini, 112 S., 402 Farbabb., 28 s/w-Fotos, Pappband. ●●●●

**Nahrungsmittelallergien**
So ernähren Sie sich richtig!
(0913-5) Von Priv.-Doz. Dr. med. Dr. med. habil. J. von Mayenburg, Prof. Dr. med. Dr. phil. S. Borelli, E. Polster, 136 S., kart. ●●

**Arteriosklerose**
Risikofaktoren/Vorbeugung/Therapie
Richtige Ernährung bei erhöhtem Cholesterinspiegel.
(1020-6) Von Prof. Dr. med. G. Assmann, Dr. troph. U. Wahrburg, 192 S., 84 farb. Abb., 4 s/w-Zeichnungen, kartoniert. ●●●

**Asthma**
Pseudokrupp, Bronchitis und Lungenemphysem
Krankheitsbilder · Diagnose · Therapie
(1126-1) Von Prof. Dr. med. W. Schmidt, S. Ertelt, 152 Seiten, 110 zweifarbige Zeichnungen, kartoniert. ●●●

**Diabetes**
Krankheitsbild, Therapie, Kontrollen, Schwangerschaft, Sport, Urlaub, Alltagsprobleme. Neueste Erkenntnisse der Diabetesforschung. (0895-3) Von Dr. med. H. J. Krönke, 120 S., 4 Farbtafeln, 14 s/w-Fotos, 13 s/w-Zeichnungen, kartoniert. ●

**Das moderne Hausbuch der Naturheilkunde**
Neueste Erkenntnisse der Ganzheitsmedizin von Akupressur bis Zelltherapie.
(4403-8) Von G. Leibold, 448 S., 263 Farbzeichn., 15 s/w-Fotos, Pappband. ●●●●●

**Naturkosmetik**
Die Grundlagen gesunder und natürlicher Hautpflege.
(1080-X) Von N. E. Haas, 120 S., 63 Farbabb., kartoniert. ●●●

Die sanfte Art des Heilens
**Homöopathie**
Praktische Anwendung und Arzneimittellehre
(4418-X) Von J. H. P. Kreuter, 216 S., 49 Zeichnungen, Pappband. ●●●

**Aromatherapie**
Gesundheit und Entspannung durch ätherische Öle.
(1131-9) Von K. Schutt, 96 S., 40 zweifarbige Abbildungen, kartoniert. ●●

**Heilatmen**
Ein Weg zu Lebenskraft und innerer Harmonie
(1047-8) Von K. Schutt, 112 S., 57 zweifarbige Abb., kartoniert. ●●

**Wetterfühligkeit**
Vorbeugen und behandeln
Der Einfluß von Wetter und Klima auf Körper und Psyche.
(0998-4) Von Dipl.-Met. H. Trenkle, fachl. Beratung Prof. Dr. V. Faust, 120 S., 8 Farbtafeln, 31 zweifarbige Abbildungen und Tabellen, kartoniert. ●●●

Bewährte Naturheilverfahren bei
**Herz-Kreislauf-Erkrankungen**
(1084-2) Von Dr. med. O. Wolff, G. Leibold, 104 S., kartoniert. ●

**Risiko Herzinfarkt**
(1217-9) Von Dr. C. Halhuber, Prof. Dr. M. J. Halhuber, 160 S., durchgehend zweifarbig, kart. ●●●

**Krebsangst und Krebs behandeln**
Mit einem Vorwort von Prof. Dr. med. Friedrich Douwes.
(0839-2) Von G. Leibold, 104 S., kartoniert. ●

Bewährte Naturheilverfahren bei
**Krebs**
(1082-6) Hrsg. H.-R. Heiligtag, 88 S., kartoniert. ●

**Heilen mit Blütenenergien**
nach Dr. Bach
(1141-5) Von J. Wenzel, ca. 96 S., kart. ●

Bewährte Naturheilverfahren bei
**Migräne und Schlafstörungen**
(1081-8) Von G. Leibold, Dr. med. H. Chr. Scheiner, 112 S., kartoniert. ●

**Gesunder Schlaf**
Schlafstörungen ohne Medikamente erfolgreich behandeln.
(1036-2) Von D. H. Alke, 88 S., 22 s/w-Abb., mit Audiokassette, kartoniert. ●●

Natürliche Behandlungsmethoden bei
**Rückenschmerzen**
Massage · Gymnastik · Entspannung
(4447-X) Von Prof. Dr. med. H. Hess, K. Eder, H.-J. Montag, K. Schutt, 152 S., 168 Farbabbildungen, Pappband. ●●●

**TELE-Rückenschule**
Wohlbefinden durch bewußte Körpererfahrung
(1310-9) Von K. Haak, 64 S., 19 Farb-, 24 s/w-Fotos, 24 Zeichn., 2 Ausklapptafeln, mit Audiokassette, kart. ●●●●

**TELE-Rückenschule**
Wohlbefinden durch bewußte Körpererfahrung
Videokassette (6108-0) VHS, ca. 60 Min., in Farbe, mit Broschüre. ●●●●*

**Rheuma behandeln und lindern**
Mit einem Vorwort von Dr. med. Max-Otto Bruker.
(0836-8) Von G. Leibold, 96 S., kartoniert. ●

**Besser sehen durch Augentraining**
Ein Gesundheitsprogramm zur Verbesserung des Sehvermögens.
(0914-3) Von K. Schutt, B. Rumpler, 96 S., 32 s/w-Zeichnungen, kartoniert. ●

So arbeitet das
**Immunsystem**
(1253-5) Von V. Friebel, I. Ledvina, A. Roßmeier, 192 S., durchgehend zweifarbig, kart. ●●●

**Allergien behandeln und lindern**
Mit einem Vorwort von Prof. Dr. med. Axel Stemmann.
(0840-6) Von G. Leibold, 96 S., 4 Zeichnungen, kartoniert. ●

**Enzyme**
Vitalstoffe für die Gesundheit
(0677-2) Von G. Leibold, 96 S., kartoniert. ●

**Besser leben durch Fasten**
(0841-4) Von G. Leibold, 96 S., kartoniert. ●

**Die echte Schroth-Kur**
(0797-3) Von Dr. med. R. Schroth, 88 S., 2 s/w-Fotos, kartoniert. ●

Massagetechniken und Heilanzeigen
**Reflexzonentherapie**
(4404-6) Von G. Leibold, 128 S., 53 Farbzeichnungen, Pappband. ●●●

**Akupressur** zur Eigenbehandlung
(0417-6) Von G. Leibold, 112 S., 78 Abb., kartoniert. ●

**Shiatsu-Massage**
Harmonisierung der Energieströme im Körper
(0615-2) Von G. Leibold, 196 S., 180 Abb., kartoniert. ●●●

**Fußsohlenmassage**
Heilanzeigen · Technik · Selbsthilfe
(0714-0) Von G. Leibold, 96 S., 38 Zeichnungen, kartoniert. ●

Entspannung und Schmerzlinderung durch
**Massage**
(0750-7) Von B. Rumpler, K. Schutt, 112 S., 116 zweifarbige Zeichnungen, kart. ●

Gesundheit und Entspannung durch
**Massage**
(1317-5) Von K. Schutt, ca. 176 S., ca. 200 zweifbg. Abb., kart. ●●●

**Entspannung**
(0834-1) Von Dr. Med. Chr. Schenk, 88 S., 29 Zeichnungen, kart. ●

**Autogenes Training**
Ein Programm zur Streßbewältigung
(1278-0) Von Dr. P. Kruse, B. Pavlekovic, K. Haak, 112 S., durchgehend zweifarbig, kart. ●

Erfolg und Lebensfreude durch
**Autogenes Training und Psychokybernetik**
(1035-4) Von D. H. Alke, 80 S., 2 s/w-Zeichnungen, mit Audiokassette, kartoniert. ●●●

Chinesisches Schattenboxen
**Tai-Ji-Quan**
für geistige und körperliche Harmonie
(0850-3) Von F.T. Lie, 120 S., 221 s/w-Fotos, 9 s/w-Zeichnungen, Beilage: 1 s/w-Poster mit zahlreichen Abbildungen, kart. ●●

**Yoga für jeden**
(1277-2) Von K. Zebroff, 144 S., Spiralbindung, durchgehend vierfarbig, kart. ●●●

**Yoga**
Weg zur Harmonie
(4417-8) Von A. Harf, w. von Rohr, 176 S., 171 Farbfotos, 12 s/w-Zeichnungen, Pappband. ●●●●

**Yoga gegen Haltungsschäden und Rückenschmerzen**
(0394-3) Von A. Raab, 104 S., 215 Abb., kartoniert. ●

**PfundsKur Kochbuch**
(4726-6) Von F. Metzler, ca. 112 S., zahlr. Farbabbildungen, Pappband. ●●●

Fit ohne Fett
**Die neue PfundsKur**
(1370-1) Von Prof. Dr. V. Pudel, ca. 144 S., kart. ●

Die aktuelle
**Ballaststofftabelle**
(1288-8) Von Dr. H. Oberritter, 80 S., kart. ●

Neue Rezepte für **Diabetiker-Diät**
Vollwertig · abwechslungsreich · kalorienarm
(0418-4) Von M. Oehlrich, 96 S., 8 Farbtafeln, kartoniert. ●

**Diät bei Herzkrankheiten und Bluthochdruck**
Rezeptteil von B. Zöllner
(3202-1) Von Prof. Dr. med. H. Rottka, 92 S., 4 Farbtafeln, kartoniert. ●●

**Diät bei Erkrankungen der Nieren, Harnwege und Dialysebehandlung**
Rezeptteil von B. Zöllner.
(3203-X) Von Prof. Dr. med. Dr. h. c. H. J. Sarre und Prof. Dr. med. R. Kluthe, 96 S., 33 Farbfotos, 1 s/w-Zeichnung, kartoniert. ●●

**Richtige Ernährung wenn man älter wird**
Rezeptteil von B. Zöllner.
**3204**-8) Von Prof. med. H.-J. Pusch, 96 S.,
36 Farbfotos und 3 s/w-Zeichnungen, kartoniert. ●●

**Diät bei Darmkrankheiten**
Durchfall · Divertikulose, Reizdarm und Darmträgheit · einheimische Sprue (Zöllakie) ·
Disaccharidasemangel · Dünndarmresektion ·
Dumping Syndrom, Rezeptteil von B. Zöllner.
**3211**-0) Von Prof. Dr. med. G. Strohmeyer,
88 S., 4 Farbtafeln, kartoniert. ●●

**Diät bei Gicht und Harnsäuresteinen**
Rezeptteil von B. Zöllner.
**3205**-6) Von Prof. Dr. med. N. Zöllner, 112 S.,
35 Farbtafeln, kartoniert. ●●

**Diät bei Zuckerkrankheit**
Rezeptteil von B. Zöllner (**3206**-4) Von Prof.
Dr. med. P. Dieterle, 112 S., 42 Farbfotos,
4 vierfarbige Vignetten, 1 s/w-Zeichnung,
kartoniert. ●●

**Diät bei Störungen des Fettstoffwechsels
und zur Vorbeugung der Arteriosklerose**
Rezeptteil von B. Zöllner.
**3208**-0) Von Prof. Dr. med. G. Wolfram,
102 S., 32 Farbfotos, kartoniert. ●●

**Ballaststoffreiche Kost bei Funktions-
störungen des Darms**
Rezeptteil von B. Zöllner.
**3212**-9) Von Prof. Dr. med. H. Kasper, 96 S.,
34 Farbfotos, 1 s/w-Foto, kart. ●●

**Diät bei Krankheiten des Magens und
Zwölffingerdarms**
Rezeptteil von B. Zöllner.
**3201**-3) Von Prof. Dr. med. H. Kaess, 96 S.,
35 Farbfotos, 1 s/w-Zeichnung, kartoniert
●●

**Diät bei Krankheiten der Gallenblase,
Leber und Bauchspeicheldrüse**
Rezeptteil von B. Zöllner.
**3207**-2) Von Prof. Dr. med. H. Kasper, 88 S.,
35 Farbfotos, 1 s/w-Zeichnung, , kart. ●●

**Diät bei Übergewicht**
Rezeptteil von B. Zöllner.
(**3209**-9) Von Prof. Dr. med. Ch. Keller, 104 S.,
42 Farbfotos, 3 s/w-Zeichnungen, kart. ●●

# Garten und Tiere

**FALKEN Gartenjahr**
(**4730**-4) Von K. Greiner, A. Weber, P.
Michaeli-Achmühle, ca. 320 S., zahlreiche
Farbabbildungen, Pappband. ●●●

**Garten heute**
Der moderne Ratgeber · Über 1000 Farbbil-
der. (**4283**-3) Von H. Jantra, 384 S., über
1000 Farbabb., Pappband. ●●●●

**Helmut Jantras Gartenbuch**
Obst · Gemüse · Blumen
(**4522**-0) Von H. Jantra, 200 S., 395 Farbfotos, 123 Farbzeichnungen, 25 Tabellen,
Pappband. ●●

**1000 ganz bewährte Garten-Tips**
(**4453**-4) Von H. Jantra, 320 S., 288 zweifbg.
und 62 s/w-Zeichn.,, Pappband. ●●●
Obst, Gemüse, Blumen, Gras

**Gärtnern macht den Kindern Spaß**
(**4517**-4) Von U. Krüger, 96 S., 85 Farbfotos,
180 Farbzeichnungen, Pappband. ●●

**Rosen**
Auswahl · Pflege · Gestaltung
(**1183**-0) Von H. Jantra, 120 S., 200 Farbfotos,
20 Farbzeichnungen, 8 Bepflanzungspläne,
kartoniert. ●●

**Erfolgstips für den Obstgarten**
Gesunde Früchte durch richtige Sortenwahl
und Pflege
(**0827**-9) Von F. Mühl, 184 S., 16 Farbtafeln,
33 Zeichnungen, kartoniert. ●●


**Erfolgstips für den Gemüsegarten**
Mit naturgemäßem Anbau zu höherem
Ertrag. (**0674**-8) Von F. Mühl, 80 S.,
30 s/w-Fotos, 4 Zeichnungen, kartoniert. ●●

**Obstgehölze sachgemäß schneiden**
(**1127**-X) Von P. G. Wilhelm, 136 S.,
8 s/w-Abb., 367 Zeichnungen, kartoniert.
●●

**Erfolgreich gärtnern mit
Frühbeet und Folie**
(**0828**-7) Von Dr. Gustav Schoser, 88 S.,
8 Farbtafeln, 46 s/w-Fotos, kartoniert. ●

**Aktion Garten ohne Gift**
Gesunde Umwelt durch natürlichen Pflanzen-
schutz.
Ein Praxis-Handbuch von E. Hoplitschek u. B.
M. Tegethoff. (**4425**-9) 176 S., 250 Farbfotos,
35 Farb- und 29 s/w-Zeichnungen, Pappband. ●●●●

**Kompost im Hausgarten**
herstellen und anwenden
(**1258**-6) Von H. Abels, J. Jöstingmeier, ca. 30
zweifarbige Zeichnungen, kart. ●

**Der naturgemäße Zier- und Wohngarten**
Anlegen · Gestalten · Pflegen
(**0748**-5) Von I. Gabriel, 128 S., 72 Farbfotos,
46 Farbzeichnungen, kartoniert. ●●

**Natürlich gärtnern unter Glas und Folie**
Anbauen und ernten rund ums Jahr
(**0722**-V) Von I. Gabriel, 128 S., 62 Farbfotos,
45 Farbzeichnungen, kartoniert. ●●

**Dekorative Kübelpflanzen**
Auswahl und Pflege
(**1074**-5) Von H. Jantra, 112 S., 180 Farbfotos,
35 Farbzeichnungen, kartoniert. ●●

**Blütenpracht auf Balkon und Terrasse**
(**0923**-3) Von M. Haberer, 88 S., 139 Farbfotos, kartoniert. ●●

**Moderne Gartengestaltung**
(**1255**-1) Von K. Greiner, A. Weber, 128 S., mit
Rasterbogen und Planelementen zum Aus-
schneiden, ca. 120 Farbfotos, ca. 20 vierfarbige Pläne, kart. ●●●

**Gestaltungsideen für
Schöne Gärten**
(**4482**-X) Von H. Jantra, 168 S., 309 Farbfotos, 3 s/w-Fotos,, Pappband. ●●●●●

**Der pflegeleichte Hausgarten**
(**1170**-9) Von H. Jantra, 112 S., vierfarbige
Abb., kart. ●●

**Schöne Kräutergärten**
(**1256**-X) Von H. Jantra, 112 S., vierfarbige
Abb., kart. ●●

**Kleingärten**
Planen · Anlegen · Pflegen
(**1015**-X) Von H. Jantra, 88 S., 123 Farbfotos,
1 s/w-Foto, 14 Farbzeichnungen, , kart. ●●

**Reihenhausgärten**
Planen · Anlegen · Pflegen
(**1016**-8) Von H. Jantra, 104 S., 134 Farbfotos,
45 Farbzeichnungen, kart. ●●

**Kletterpflanzen**
Mit Sonderteil Dachbegrünung
(**4546**-8) Von U. Mehl, K. Werk, 128 S., ca.
150 Farbfotos, farbige und s/w-Zeichnungen,
Pappband. ●●●●

**Steingärten** Wirkungsvoll gestalten und
sachgerecht pflegen
(**4452**-6) Von A. Throll-Keller, 128 S., 203
Farbf., 56 Farbzeichn., Pappband. ●●●●

**Gartenteiche, Tümpel und Weiher**
naturnah anlegen und pflegen
(**1073**-7) Von Dr. F. Liedl, H. Goos, 80 S.,
87 Farbfotos, 20 Zeichnungen, kart. ●●

**Wasser im Garten**
Von der Vogeltränke zum Naturteich ·
Natürliche Lebensräume selbst gestalten.
(**4230**-2) Von H. Hendel, P. Keßeler, 240 S.,
315 Farbabb., 11 s/w-Fotos, Pappband.
●●●●●


**Pflanzen und Tiere für den Gartenteich**
(**1171**-7) Von W. Costa, 128 S., 169 Farbfotos,
40 Farbzeichnungen, 8 Bepflanzungspläne,
kartoniert. ●●

**Wintergärten**
Das Erlebnis, mit der Natur zu wohnen.
Planen, Bauen und Gestalten.
(**4256**-6) Von LOG ID, 136 S., 130 Farbfotos,
107 Zeichnungen, Pappband. ●●●●

**Rund ums Jahr erfolgreich gärtnern
Gewächshäuser**
planen · bauen · einrichten · nutzen
(**4408**-9) Von Dr. G. Schoser, J. Wolff, 232 S.,
368 Farbabb., 5 s/w-Fotos, Pappband.
●●●●●

Das moderne Handbuch **Zimmerpflanzen**
(**4416**-X) Von H. Jantra, 304 S., 766 Farbfotos,
64 Farb- und 19 s/w-Zeichnungen, Pappband.
●●●●

**365 Erfolgstips für schöne Zimmer-
pflanzen**
(**0893**-7) Von H. Jantra, 144 S., 215 Farbfotos,
kartoniert. ●●

**Dekorative Blattpflanzen**
Auswahl und Pflege
(**1128**-8) Von H. Jantra, 128 S., 198 Farbfotos,
20 Farbzeichnungen, kartoniert. ●●

Prof. Stelzers grüne Sprechstunde
**Gesunde Zimmerpflanzen**
Krankheiten erkennen und behandeln.
Mit neuem Diagnosesystem.
(**4274**-4) Von Prof. Dr. G. Stelzer, 192 S., 410
Farbfotos, 10 s/w-Zeichnungen, Pappband.
●●●●

**Hydrokultur**
Pflanzen ohne Erde – mühelos gepflegt.
(**0944**-5) Von H.-A. Rotter, 144 S., 167 Farbfotos, 13 Farbzeichnungen, kart. ●●

**Gesunde Pflanzen in
Hydrokultur**
(**1257**-8) Von H.-A. Rotter, 80 S.,
ca. 60 s/w-Zeichnungen, 8 Farbtafeln,
kart. ●

**Bonsai** Japanische Miniaturbäume und
Miniaturlandschaften. Anzucht, Gestaltung
und Pflege.
(**4091**-1) Von B. Lesniewicz, 160 S., 106 Farbfotos, 46 s/w-Fotos, 115 Zeichnungen, gebun-
den. ●●●●

**Fibel für Kakteenfreunde**
(**0199**-1) Von H. Herold, 102 S., 23 Farbfotos,
37 s/w-Abb. kartoniert. ●

Grzimek Juniors **BUNTE TIERWELT**
(**4295**-9) Von Chr. Grzimek, 208 S., 308 Farbfotos, Pappband. ●●●●

**Hunde**
Rassen · Ausbildung · Pflege · Zucht
(**4118**-7) Von H. Bielfeld, 192 S., 222 Farb-
und 73 s/w-Abb., Pappband. ●●●●

**Das neue Hundebuch**
Rassen · Aufzucht · Pflege (**0009**-X) Von W.
Busack, überarbeitet von Dr. med. vet. A. H.
Hacker und H. Bielfeld, 112 S., 8 Farbtafeln,
27 s/w-Fotos, 6 Zeichnungen, kartoniert. ●

**Alles über Dackel, Teckel und Dachs-
hunde**
(**1079**-6) Von R. Wein-Gysae, 80 S.,
46 Farbfotos, 2 zweifarbige Zeichnungen,
kart. ●●

**Hundeausbildung**
Verhalten · Gehorsam · Ausbildung
(**0346**-3) Von R. Menzel, 88 S., 26 Fotos,
kartoniert. ●●

**Grundausbildung für Gebrauchshunde**
Schäferhund, Boxer, Rottweiler, Dobermann,
Riesenschnauzer, Airedaleterrier, Hovawart
und Bouvier.
(**0801**-3) Von M. Schmidt und W. Koch. 104 S.,
8 Farbtafeln, 51 s/w-Fotos, 5 s/w-Zeich-
nungen, kartoniert. ●●

**Der Hund in der Familie**
(1014-1) Von J. Werner, 128 S., 106 Farbfotos, kartoniert. ●●

**Der Deutsche Schäferhund**
(1091-5) Von U. Förster, 112 S., 47 Farbzeichnungen, 2 s/w-Fotos, kartoniert. ●●

**Der Deutsche Schäferhund**
Aufzucht · Pflege und Ausbildung
(0073-1) Von A. Hacker, 104 S., 56 Abbildungen, kartoniert. ●

**Alles über junge Hunde**
(0863-5) Von Dr. med. vet. E. M. Bartenschlager, 64 S., 49 Farbfotos, 6 Zeichnungen, kartoniert. ●●

**Richtige Hundeernährung**
(0811-2) Von Dr. med. vet. E. M. Bartenschlager, 80 S., 51 Farbfotos, 4 Farbzeichn, kartoniert. ●●

**Hundekrankheiten**
(1077-X) Von Dr. med. vet. R. Spangenberg, 96 S., 44 Farb- und 1 s/w-Foto, 22 Farbzeichnungen, kartoniert. ●●

Von Ajax bis Zamperl
**Die beliebtesten Hunde-Namen**
(1174-1) Von H.-J. Schließke, ca. 80 S., kartoniert. ●

**Katzen**
Rassen · Verhalten · Pflege · Zucht
(4158-6) Von B. Gerber, 176 S., 294 Farb- und 88 s/w-Fotos, Pappband. ●●●●

**Das neue Katzenbuch**
Rassen · Aufzucht · Pflege.
(0427-3) Von B. Eilert-Overbeck, 120 S., 14 Farbfotos, 26 s/w-Fotos, kartoniert. ●

**Katzenkrankheiten**
erkennen und behandeln
(1078-8) Von Dr. med. vet. R. Spangenberg, 104 S., 40 Farbfotos und 11 Farbzeichnungen, kartoniert. ●●

**Junge Katzen**
(0862-7) Von Dr. med. vet. E. M. Bartenschlager, 72 S., 40 Farbfotos, 4 Farbzeichnungen, kartoniert. ●

**Pferde**
(4186-1) Von H. Werner, 176 S., 196 Farb- und 50 s/w-Fotos, 100 Zeichnungen, Pappband. ●●●●

**Reiten im Bild**
(0415-X) Von H. Werner, 128 S., 142 Farbfotos, 107 Farbzeichnungen, kartoniert. ●●

**Der Hobby-Imker**
(0978-X) Von Dr. R. F. A. Moritz, 144 S., 106 zweifarbige Zeichnungen, kartoniert. ●●

**Geflügelhaltung als Hobby**
(0749-3) Von M. Baumeister, H. Meyer, 184 S., 8 Farbtafeln, 47 s/w-Fotos, 15 zweifarbige Zeichnungen, kartoniert. ●●

**Sittiche und kleine Papageien**
(0864-3) Von Dr. med. vet. E. M. Bartenschlager, 88 S., 84 Farbfotos, 9 Zeichnungen, kartoniert. ●

**Alles über Großsittiche**
(1320-5) Von H. Bielfeld, 88 S., 88 Farbfotos, 3 Farbzeichnungen, kart. ●●

**Alles über Wellensittiche**
(1129-6) Von H. Bielfeld, 64 S., 53 Farbfotos, 3 Zeichnungen, kartoniert. ●●

**Alles über Kanarienvögel**
(0901-1) Von H. Schnoor, 64 S., 58 Farbfotos und Zeichnungen, kartoniert. ●●

Die Tiersprechstunde
**Artgerechte Vogelfütterung im Winter**
(0908-9) Von Dr. W. Keil, 64 S., 51 Farbfotos und Zeichnungen, kartoniert. ●

**Elternlose Jungvögel**
Erste Hilfe · Aufzucht · Auswilderung
(1319-1) Von I. Polaschek, 80 S., 80 Farbfotos, 5 Farbzeichnungen, kart. ●●

**Süßwasser-Aquarium**
(4191-8) Von H. J. Mayland, 288 S., 564 Farbfotos, 75 Zeichnungen, Pappband. ●●●●●

Die Tiersprechstunde
**Gesunde Fische im Süßwasseraquarium**
(1013-3) Von H. J. Mayland, 96 S., 73 Farbfotos, 10 Zeichnungen, kartoniert. ●●

**Alles über Zwerg- und Goldhamster**
(1012-5) Von M. Mettler, 96 S., 96 Farbfotos, kartoniert. ●●

**Alles über Chinchillas und Degus**
(1130-X) Von M. Mettler, 96 S., 80 Farbfotos, 3 Zeichnungen, kartoniert. ●●

**Alles über Meerschweinchen**
(0809-0) Von Dr. med. vet. E. M. Bartenschlager, 72 S., 43 Farbfotos, 11 Farbzeichnungen, kartoniert. ●●

**Alles über Zwergkaninchen**
(1075-3) Von M. Mettler,. 64 S., 52 Farbfotos, kartoniert. ●●

**Alles über Rennmäuse**
(1318-3) Von M. Mettler, 80 S., 74 Vignetten, kart. ●●

# Reise

**Der Metternich 93**
(4728-2) Hrsg. C. Arius, 560 S., 288 Farbfotos, Pappband. ●●●●

**Berlin**
**Die neue Metropole**
(1145-8) Von R. Mader, 96 S., 116 Farbfotos, 15 hist. Landschafts- und Städteabbildungen, 1 Stadtplan, kartoniert. ●●

**An der Ostseeküste in Mecklenburg**
(1137-7) Von R. Mader, 96 S., 94 Farbfotos, 18 hist. Städte- und Landschaftsabbildungen, kartoniert. ●●

**Der Thüringer Wald und die Dichterstädte**
(1135-0) Von R. Mader, 96 S., 95 Farbfotos, 17 hist. Landschafts- und Städteabbildungen, kartoniert. ●●

**Dresden**
**Barockperle an der Elbe**
(1134-2) Von R. Mader, 96 S., 97 Farbfotos, 13 hist. Landschafts- und Städteabbildungen, 1 s/w-Foto, 1 aufklappbarer Stadtplan, kart. ●●

**Vom Spreewald zur Lausitz**
(1136-9) Von R. Mader, 96 S., 95 Farbfotos, 11 hist. Landschafts- und Städteabbildungen, 1 Panoramakarte, kartoniert. ●●

FALKEN Video
**Reiseziel Berlin**
(6067-X) VHS, ca. 60 Minuten, in Farbe, Kompaktreiseführer mit Panoramakarte im Taschenformat. ●●●●●*

FALKEN Video
**Reiseziel USA**
Der Südwesten mit LAS VEGAS und den schönsten Sehenswürdigkeiten in den ROCKY MOUNTAINS.
(6055-6) VHS, ca. 60 Minuten, in Farbe, Kompaktreiseführer mit Panoramakarte im Taschenformat. ●●●●●*

FALKEN Video
**Info-Tour USA**
Die Highlights aus dem FALKEN Reiseprogramm New York, Kalifornien, Florida und USA Süd-West.
(6060-2) VHS, ca. 30 Minuten, in Farbe. ●*

FALKEN Video
**Reiseziel New York**
(6048-3) VHS, ca. 60 Minuten, in Farbe, mit Begleitbroschüre. ●●●●●*

FALKEN Video
**Reiseziel Florida**
(6054-8) VHS, ca. 60 Minuten, in Farbe, Kompaktreiseführer mit Panoramakarte im Taschenformat. ●●●●●*

FALKEN Video
**Reiseziel Kalifornien**
San Francisco und die schönsten Ziele in Kalifornien.
(6049-1) VHS, ca. 60 Minuten, in Farbe, mit Begleitbroschüre. ●●●●●*

FALKEN Video
**Reiseziel Hawaii**
(6063-7) VHS, ca. 60 Minuten, in Farbe, Kompaktreiseführer mit Panoramakarte im Taschenformat. ●●●●●*

FALKEN Video
**Reiseziel Malediven**
(6116-1) VHS, ca. 60 Minuten, in Farbe, mit Kompaktreiseführer im Taschenformat. ●●●●●*

FALKEN Video
**Reiseziel Thailand**
Exotisches Bangkok, traumhafte Strände, berühmte Tempel und Paläste.
(6065-3) VHS, ca. 60 Minuten, in Farbe, Kompaktreiseführer mit Panoramakarte im Taschenformat. ●●●●●*

FALKEN Video
**Reiseziel Hongkong**
(6087-4) VHS, ca. 60 Minuten, in Farbe, mit Kompaktreiseführer im Taschenformat. ●●●●●*

FALKEN Video
**Reiseziel Info-Tour Fernost**
Die Highlights aus den FALKEN Reisevideos Thailand, Bali, Hongkong
(6094-7) VHS, ca. 30 Minuten, in Farbe, mit Kompaktreiseführer im Taschenformat. ●●*

FALKEN Video
**Reiseziel Kanarische Inseln**
Schöne Strände, interessante Exkursionen.
(6065-5) VHS, ca. 60 Minuten, in Farbe, Kompaktreiseführer mit Panoramakarte im Taschenformat. ●●●●●*

FALKEN Video
**Reiseziel Barcelona**
(6115-3) VHS, ca. 60 Minuten, in Farbe, mit Begleitbroschüre. ●●●●●*

FALKEN Video
**Reiseziel Florenz**
(6127-7) VHS, ca. 60 Minuten, in Farbe, mit Kompaktreiseführer im Taschenformat. ●●●●●*

FALKEN Video
**Reiseziel Toscana**
(6074-2) VHS, ca. 60 Minuten, in Farbe, mit Kompaktreiseführer im Taschenformat. ●●●●●*

FALKEN Video
**Reiseziel Rom**
(6076-9) VHS, ca. 60 Minuten, in Farbe, mit Kompaktreiseführer im Taschenformat. ●●●●●*

FALKEN Video
**Reiseziel Venedig**
(6117-X) VHS, ca. 60 Minuten, in Farbe, mit Kompaktreiseführer im Taschenformat. ●●●●●*

FALKEN Video
**Reiseziel Mallorca**
(6118-8) VHS, ca. 60 Minuten, in Farbe, mit Kompaktreiseführer im Taschenformat. ●●●●●*

FALKEN Video
**Reiseziel Irland**
Entdeckungsreise mit Boot und Planwagen, präzise Informationen, praktische Tips.
(6059-9) VHS, ca. 60 Minuten, in Farbe, Kompaktreiseführer im Taschenformat. ●●●●●*

FALKEN Video
**Reiseziel Norwegen**
Rundreise zu den schönsten Fjorden, präzise
Informationen, praktische Tips.
(5058-0) VHS, ca. 60 Minuten, in Farbe,
Kompaktreiseführer mit Panoramakarte im
Taschenformat. ●●●●●*

# Rat und Wissen

**Der gute Ton**
in Gesellschaft und Beruf.
(0063-4) Von I. Wolter, 80 S., 42 s/w-Fotos,
7 Zeichnungen, kartoniert. ●

**Der gute Ton**
im Privatleben.
(4111-3) Von I. Wolter, bearbeitet von Wolf
Stenzel, 104 S., 42 s/w-Abbildungen, kartoniert. ●

**Umgangsformen heute**
Die Empfehlungen des Fachausschusses für
Umgangsformen.
(4015-6) 252 S., 108 s/w-Fotos, 17 Zeichnungen, Pappband. ●●●

**Benehmen bei Tisch**
(0988-7) Von I. Cording, 80 S., 90 Farbfotos,
5 s/w-Zeichnungen, kartoniert. ●●

**Krawatten**
Fliegen, Schals und Tücher gekonnt binden
(4072-9) Von Y. Thalheim, H. Nadolny, 48 S.,
29 Farbfotos, 1 s/w-Foto, Pappband. ●

freundin
**Das perfekte Make-up**
(4727-4) Von M. Rüdiger, H. Kirchberger,
G. Mergenburg, 128 S., 271 Farbfotos,
Pappband. ●●●●

freundin Ratgeber
**Hochzeit feiern**
(4702-2) Von C. von Hoerner-Nitsch, I. Weber,
K. Riebartsch, C. von Bernuth, 128 S.,
188 Farbfotos, 28 s/w-Fotos, Pappband.
●●●●

**Gedichte, Reden und Sketche**
für grüne, silberne und goldene Hochzeits-
tage
(1269-1) Von F. Rieder, 160 S., durchgehend
vierfarbig, Pappband. ●●

**Wir heiraten**
Ratgeber zur Vorbereitung und Festgestal-
tung der Verlobung und Hochzeit.
(4188-8) Von C. Poensgen, 216 S.,
8 s/w-Fotos, 30 s/w-Zeichnungen, 8 Farbtafeln, Pappband. ●●●

**Von der Verlobung zur Goldenen
Hochzeit**
(0393-5) Von E. Runge, 112 S., kartoniert. ●

**Hochzeits- und Bierzeitungen**
Muster, Tips und Anregungen.
(0288-2) Von H.-J. Winkler, mit vielen Text-
und Gestaltungsanregungen, 116 S., 15 Abb.,
4 Musterzeitung, kartoniert. ●

**Die Silberhochzeit**
Vorbereitung · Einladung · Geschenkvor-
schläge · Dekoration · Festablauf · Menüs ·
Reden · Glückwünsche. (0542-3) Von K. F.
Merkle, 112 S., 41 Zeichnungen, kart. ●

**Wie soll es heißen?**
(0211-4) Von D. Köhr, 136 S., kartoniert. ●

**Unsere beliebtesten Vornamen**
(1023-0) Von A. F. W. Weigel, 160 S.,
75 s/w-Fotos, Pappband. ●●

**Kindergedichte, Lieder und Sketche für
Hochzeitsfeiern**
(1112-4) Von B. Lins, 72 S., 26 farbige Abbildungen, 15 Lieder, kartoniert. ●

**Kindergedichte für Familienfeste**
(0860-0) Von B. H. Bull, 96 S., 20 Zeichnungen, kartoniert. ●

**Kindergedichte rund ums Jahr**
(1040-0) Von A. Schweiggert, 80 S., 49 Zeichnungen, 6 Vignetten, kartoniert. ●

**Ins Gästebuch geschrieben**
(0576-8) Von K. H. Trabeck, 96 S., 24 Zeichnungen, kartoniert. ●

**Der Verseschmied**
Kleiner Leitfaden für Hobbydichter.
(0597-0) Von T. Parisius, 96 S., 28 Zeichnungen, kartoniert. ●

**Die schönsten Volkslieder**
(0432-X) Hrsg. D. Walther, 128 S., mit Noten
und Zeichnungen, kartoniert. ●

Alte und neue
**Wanderlieder**
(1268-3) Von P. G. Walter, 96 S., zweifarbig,
kart. ●●

**Neue Glückwunschfibel**
für groß und klein.
(0156-8) Von R. Christian-Hildebrandt, 96 S.,
13 Vignetten, kartoniert. ●

**Großes Buch der Glückwünsche**
(0255-0) Hrsg. von O. Fuhrmann, 176 S.,
77 Zeichnungen und viele Gestaltungsvor-
schläge, kartoniert. ●●

Wetter und Wind ändern sich geschwind
**Beliebte Bauernregeln**
(1267-5) Von G. Haddenbach, ca. 80 S.,
ca. 30 zweifarbige Illustrationen, kart. ●

**Verse fürs Poesiealbum**
(0241-6) Von I. Wolter, 96 S., 20 Abb., kart. ●

Heitere und besinnliche
**Verse fürs Poesiealbum**
(1069-9) Von B. H. Bull, 160 S., 70 zweifarbige Illustrationen, Pappband. ●●

**Die Kunst der freien Rede**
Ein Intensivkurs mit vielen Übungen,
Beispielen und Lösungen.
(4189-6) Von G. Hirsch, 232 S., 11 Zeichnungen, Pappband. ●●●

**Trinksprüche, Gästebuchverse,
Richtsprüche**
(0224-6) Von D. Kellermann, 96 S., kartoniert. ●

**Glückwünsche, Toasts und Festreden zur
Hochzeit**
(0264-5) Von I. Wolter, 112 S., 18 Zeichnungen, kartoniert. ●

**Trinksprüche und Festreden**
(1321-3) Von L. Metzner, 144 S., 13 zweifarbige Zeichnungen, Pappband. ●●

**Moderne Reden und Ansprachen**
(4742-9) Von M. Adam, ca. 464 S., Pappband.
●●●●

**Reden zu Familienfesten**
Musteransprachen für viele Gelegenheiten
(0675-6) Von G. Georg, 112 S., kartoniert. ●

**Reden im Verein**
Musteransprachen für viele Gelegenheiten
(0703-5) Von G. Georg, 112 S., kartoniert. ●

**Reden zum Jubiläum**
Musteransprachen für viele Gelegenheiten
(0595-4) Von G. Georg, 112 S., kartoniert. ●

**Reden und Sprüche zu Grundsteinlegung,
Richtfest und Einzug**
(0598-9) Von A. Bruder, G. Georg, 96 S.,
kartoniert. ●

**Die überzeugende Rede**
Mehr Erfolg durch bessere Rhetorik
(0076-6) Von K. Wolter, G. Kunz, 96 S.,
kartoniert. ●

**Moderne Korrespondenz**
Handbuch für erfolgreiche Briefe
(4014-8) Von H. Kirst und W. Manekeller,
544 S., Pappband. ●●●●

**Musterbriefe**
für alle Gelegenheiten.
(0231-9) Hrsg. von O. Fuhrmann, 240 S.,
kartoniert. ●●

**Geschäftsbriefe**
zeitgemäß und stilsicher
(1323-X) Von G. Briese-Neumann, 152 S.,
kart. ●●

FALKEN-Software
**Musterkorrespondenz in Deutsch, Eng-
lisch, Französisch, Italienisch, Spanisch**
(7041-1) Diskette 5 1/4″ für IBM-PC + Kompatible, mit Begleitbroschüre. ●●●●●*
(7051-9) Diskette 3 1/2″ für IBM-PC + Kompatible, mit Begleitbroschüre. ●●●●●*

**Privatbriefe**
Muster für alle Gelegenheiten.
(0114-2) Von I. Wolter-Rosendorf, 112 S., kart.
●

**Erfolgstips für den Schriftverkehr**
Briefgestaltung · Rechtschreibung · Zeichensetzung · Stil. (0678-0) Von U. Schoenwald,
112 S., kart. ●

**Behördenkorrespondenz**
Musterbriefe · Anträge · Einsprüche
(0412-5) Von E. Ruge, 112 S., kart. ●

**Worte und Briefe der Anteilnahme**
(0464-8) Von E. Ruge, 96 S., mit vielen Abb.,
kart. ●

**Briefe zu Geburt und Taufe**
Glückwünsche und Danksagungen. (0802-3)
Von H. Beitz, 96 S., 12 Zeichnungen, kart. ●

**FALKEN Rechtsberater**
Fallbeispiele · Musterbriefe · Gerichtsurteile
(4734-7) Hrsg. S. von Hasseln, ca. 704 S.,
Pappband. ●●●●

**Erziehungsgeld, Mutterschutz,
Erziehungsurlaub**
Das neue Recht für Eltern
(0835-X) Von J. Grönert, 144 S., kart. ●●

**Liebe ja – Ehe nein**
Die nichteheliche Lebensgemeinschaft
(1071-0) Von T. Drewes, 104 S., 8 s/w-Zeich-
nungen, kartoniert. ●●

**Scheidung und Unterhalt**
nach dem neuen Eherecht.
(0403-6) Von T. Drewes, 112 S., mit Kosten
und Unterhaltstabellen, kart. ●

**Alles, was man über Scheidung und
Unterhalt wissen muß**
(1264-0) Von T. Drewes, 128 S., kart. ●●

**Alles, was man über Renten wissen muß**
Mit Rentenreformgesetz 1992
(1265-9) Von K. Möcks, A. Schmitt, 112 S.,
kart. ●●

Wolfgang Büsers Erfolgstips
**Rentenreform '92**
(1244-6) Von W. Büser, 80 S., kart. ●

Wolfgang Büsers Erfolgstips
**Teilzeitarbeit**
(1266-7) Von W. Büser, 80 S., kart. ●●

Wolfgang Büsers Erfolgstips
**(Lohn-) Einkommensteuer '92**
Aktuell: Zinssteuer '93
(1324-8) Von W. Büser, ca. 128 S., kart. ●●

**Testament und Erbschaft**
Erbfolge, Rechte und Pflichten der Erben, Erb-
schafts- und Schenkungssteuer, Mustertesta-
mente. (4139-X) Von T. Drewes, R. Hollender,
304 S., Pappband. ●●●

**Der letzte Wille**
Ratgeber für Erblasser, Erben und Hinterblie-
bene in Rechts-, Versorgungs- und Steuerfra-
gen (0939-9) Von T. Drewes, 136 S.,
9 s/w-Zeichnungen, kart. ●●

**Mietrecht**
Leitfaden für Mieter und Vermieter
(0479-6) Von J. Beuthner, 196 S., kart. ●●

**Haushaltstips**
praktisch und umweltfreundlich
(1046-X) Von K. Winkell, 96 S., 36 Zeichnungen, kartoniert. ●

**Haushaltstips von A – Z**
(0759-0) Von A. Eder, 80 S., 30 Zeichnungen, kartoniert. ●

**Wege zum Börsenerfolg**
Aktien · Anleihen · Optionen
(4275-2) Von H. Krause, 252 S., 4 s/w-Fotos, 86 Zeichnungen, Pappband. ●●●●

FALKEN-Software
**Börsenfieber**
Spielend spekulieren mit Geld und Aktien
(7016-0) IBM-PC und Kompatible, Diskette 5 1/4", mit Begleitheft. ●●●●●˙
(7026-8) für C 64/C 128 PC, mit Begleitheft
(7027-0) für Atari ST 520/1040, mit Begleitheft
(7028-4) für Amiga, mit Begleitheft
(7044-6) für IBM-PC + Kompatible, Diskette 3 1/2", mit Begleitheft.

FALKEN Software
**Broker King**
Cash und crash an der Terminbörse. Mit Warentermingeschäft und Optionshandel
(7057-0) Diskette 5 1/4" für IBM-PC + Kompatible, mit Begleitbroschüre. ●●●●●˙
(7058-6) Diskette 3 1/2" für IBM-PC + Kompatible, mit Begleitbroschüre. ●●●●●˙

**Richtige Groß- und Kleinschreibung ·**
durch neue, vereinfachte Regeln. Erläuterungen der Zweifelsfragen anhand vieler Beispiele.
(0897-X) Von Prof. Dr. Ch. Stetter, 96 S., kart. ●

**Gutes Deutsch** schreiben und sprechen
(4432-1) Von W. Manekeller, Dr. G. Reinert-Schneider, 416 S., durchgehend zweifarbig, Pappband. ●●●●

Mehr Erfolg in der Schule
**Deutsche Rechtschreibung und Grammatik**
Übungen und Beispiele für die Klassen 5–10.
(4407-0) Von K. Schreiner, 256 S., durchgehend zweifarbig, Pappband. ●●●●

**Besseres Deutsch**
Mit Übungen und Beispielen für Rechtschreibung, Diktate, Zeichensetzung, Aufsätze, Grammatik, Literaturbetrachtung, Stil, Briefe, Fremdwörter, Reden.
(4115-2) Von K. Schreiner, 444 S., 7 s/w-Fotos, 27 Zeichnungen, Pappband. ●●●

**Diktate besser schreiben**
Übungen zur Rechtschreibung für die Klassen 4 bis 8
(0469-9) Von K. Schreiner, 152 S., 31 Zeichnungen, kartoniert. ●●

**Deutsche Grammatik**
Ein Lern- und Übungsbuch
(0704-3) Von K. Schreiner, 122 S., kart. ●●

**Aufsätze besser schreiben**
Förderkurs für die Klassen 4–10
(0429-X) Von K. Schreiner, 144 S., 31 Abb., kartoniert. ●●

Mehr Erfolg in der Schule
**Der Deutschaufsatz**
Übungen und Beispiele für die Klassen 5–10.
(4271-X) Von K. Schreiner, 240 S., 4 s/w-Fotos, 51 Zeichnungen, Pappband. ●●●●

Mehr Erfolg in der Schule
**Deutsch**
Textinterpretation, Literaturgeschichte und Stilkunde
(4483-6) Von K. Schreiner, 272 S., 43 zweifarbige Zeichnungen, Pappband. ●●●●

**Geschichte**
Von der Französischen Revolution bis zur Gegenwart
(4723-1) Von K. Schreiner, 256 S., 50 s/w-Fotos, 10 Farbkarten, 6 zweifarbige Landkarten, Pappband. ●●●●

**Geographie**
Natürliche Grundlagen · Gestaltung der Umwelt · Die Staaten der Erde
(4724-X) Von V. Disch, ca. 256 S., ca. 40 Karten und Grafiken, Pappband. ●●●●

Mehr Erfolg in der Schule
**Mathematik 1**
Arithmetik und Algebra. Übungen, Beispiele und Lösungen für die Klassen 5 bis 10.
(4420-8) Von R. Müller-Fonfara, 256 S., 193 Zeichn., 2 s/w-Fotos, Pappband. ●●●●

Mehr Erfolg in der Schule
**Mathematik 2**
Geometrie, Statistik, Wahrscheinlichkeitsrechnung und kaufmännisches Rechnen
(4456-9) Von R. Müller-Fonfara, W. Scholl, 256 S., 6 s/w-Fotos, 304 Zeichnungen, Pappband. ●●●●

**Mathematische Formeln für Schule und Beruf**
Mit Beispielen und Erklärungen.
(0499-0) Von R. Müller-Fonfara, 156 S., 210 Zeichnungen, kart. ●

**Schülerlexikon der Mathematik**
Formeln, Übungen und Begriffserklärungen für die Klassen 5 – 10
(0430-3) Von R. Müller-Fonfara, 176 S., 96 Zeichnungen, kart. ●

Mehr Erfolg in der Schule
**Mathematik 4**
Für die Klassen 11 bis 13
(4701-0) Von R. Müller-Fonfara, W. Scholl, ca. 240 S., durchgehend zweifarbig, ca. 110 Zeichnungen, Pappband. ●●●●

**Mathematik-Textaufgaben leicht gelöst**
Aufgaben · Lösungsstrategien · Anwendungsbeispiele
(1022-2) Von R. Müller-Fonfara, 128 S., 4 Zeichnungen, kartoniert. ●

**Rechnen aufgefrischt** für Schule und Beruf.
(0100-2) Von H. Rausch, 144 S., kart. ●

FALKEN Software
**Wirtschaftsrechnen in Beruf und Alltag**
(7037-5) Diskette für IBM-PC und Kompatible, mit Begleitheft. ●●●●●˙

Mehr Erfolg in der Schule
**Physik**
Mechanik · Wärmelehre · Optik · Elektrizität · Atomphysik
(4448-8) Von Dr. T. Neubert. 240 S., 219 Zeichnungen, Pappband. ●●●●

**Physik verständlich**
Förderkurs für die Klassen 7 bis 10
(0926-7) Von Dr. Th. Neubert, 136 S., 146 s/w-Zeichn., 166 Aufgaben, kart. ●●

**Besseres Englisch**
Grammatik und Übungen für die Klassen 5 bis 10.
(0745-0) Von E. Henrichs, 144 S., kart. ●

Mehr Erfolg in der Schule
**Englische Grammatik**
Regeln und Übungen für die Klassen 5 bis 13
(4431-3) Von E. Henrichs-Kleinen, 256 S., durchgehend zweifarbig, Pappband. ●●●●

FALKEN Software
**Business English for Secretaries**
Lernen und üben in berufsbezogenen Situationen (7035-7) Diskette 5 1/4" für IBM-PC + Kompatible, mit Begleitbroschüre. ●●●●●˙
(7059-4) Diskette 3 1/2" für IBM-PC + Kompatible, mit Begleitbroschüre. ●●●●●˙

FALKEN Software
**The Grammar-Master**
Englische Grammatik üben und beherrschen
(7002-0) Diskette für den C 64/C 128 PC
●●●●
(7030-0) Diskette für IBM-PC + Kompatible, mit Begleitheft. ●●●●●˙
(7031-4) Diskette für Atari ST 520/1040, mit Begleitheft. ●●●●●˙
(7032-2) Diskette für Amiga, mit Begleitheft.
●●●●●˙

FALKEN-Software
**Vokabeltrainer Englisch**
Von B. Hoppius. (7001-2) 2 Disketten für C 64/C 128 PC mit Begleitheft. ●●●●●˙
(7007-1) Wendediskette für Atari ST 520/ 1040, mit Begleitheft. ●●●●●˙
(7034-9) Diskette 5 1/4" für IBM-PC + Kompatible, mit Begleitheft. ●●●●●˙
(7084-5) Diskette 3 1/2" für IBM-PC + Kompatible, mit Begleitheft. ●●●●●˙

FALKEN-Software
**Vokabeltrainer Französisch**
Über 2000 Vokabeln und Redewendungen frei erweiterbar
(7018-7) Systemdiskette u. Wendediskette für C 64/C 128 PC, mit Begleitheft (7019-5)
Diskette 5 1/4" für IBM-PC und Komp., mit Begleitheft. ●●●●●˙

FALKEN-Software
**Je finis, tu finis …**
**maitrisez la grammaire française**
Französische Grammatik lernen und beherrschen
(7053-5) Diskette 5 1/4" für IBM-PC + Kompatible, mit Begleitbroschüre. ●●●●●˙
(7069-1) Diskette 3 1/2" für IBM-PC + Kompatible, mit Begleitbroschüre. ●●●●●˙

FALKEN-Software
**Le monde des affaires en français**
Wirtschaftsfranzösisch leicht gelernt
(7054-3) Diskette 5 1/4" für IBM-PC + Kompatible, mit Begleitbroschüre. ●●●●●˙
(7068-3) Diskette 3 1/2" für IBM-PC + Kompatible, mit Begleitbroschüre. ●●●●●˙

**Besseres Französisch**
Grammatik und Übungen für die Klassen 9 bis 11
(1039-7) Von R. Lübke, 114 S., durchgehend zweifarbig, kartoniert. ●●

Mehr Erfolg in der Schule
**Französische Grammatik**
Für die Klassen 7 bis 13
(4703-7) Von R. Lübke, ca. 256 S., durchgehend zweifarbig, Pappband. ●●●●

FALKEN-Software
**Vokabeltrainer Italienisch**
Über 2000 Vokabeln und Redewendungen frei erweiterbar
(7065-9) Diskette 5 1/4" für IBM-PC + Kompatible, mit Begleitbroschüre. ●●●●●˙
(7064-0) Diskette 3 1/2" für IBM-PC + Kompatible, mit Begleitbroschüre. ●●●●●˙

FALKEN-Software
**Vokabeltrainer Latein**
Über 2000 Vokabeln und Redewendungen frei erweiterbar
(7022-5) Von B. Hoppius, Wendediskette für C 64/C 128 PC, mit Begleitheft. ●●●●●˙
(7033-0) Diskette 5 1/4" für IBM-PC + Kompatible, mit Begleitheft. ●●●●●˙
(7085-3) Diskette 3 1/2" für IBM-PC + Kompatible, mit Begleitheft. ●●●●●˙

**Schnell und sicher zum Führerschein**
Tips und Tricks aus 30jähriger-Fahrschul-Praxis.
(0921-6) Von O. Einert, 152 S., 156 Farbfotos, 161 z.T. farb. Zeichnungen, kart. ●●

FALKEN-Software
**Schnell und sicher zum Führerschein**
Intensivtraining mit dem amtlichen Fragenkatalog
(7024-1) Diskette für ATARI ST 250/1040, mit Begleitheft ●●●●●˙

**Der Test-Knacker bei Führerscheinverlust**
(1262-4) Von T. Rieh, 128 S., kart. ●●

**Erfolgreiche Bewerbung um einen Ausbildungsplatz**
(0715-9) Von H. Friedrich, 128 S., kart. ●●

**Bewerbungsstrategien**
Erfolgreiche Konzepte für Karrierebewußte
(1027-3) Von Dr. W. Reichel, 128 S., kartoniert. ●●

arriereplanung mit System
**ewerbungsstrategien für Frauen**
**1455**-0) Von R. Ibelgaufts, 144 S.,
0 Cartoons, Pappband. ●●

**ie Bewerbung**
er moderne Ratgeber für Bewerbungsbriefe,
ebenslauf und Vorstellungsgespräche.
**1138**-1) Von W. Manekeller, 264 S., Papp-
and. ●●●

**ie erfolgreiche Bewerbung**
ewerbung und Vorstellung
**)173**-8) Von W. Manekeller, U. Schoenwald,
44 S., kartoniert. ●●

**ebenslauf und Bewerbung**
eispiele für Inhalt, Form und Aufbau
**)428**-1) Von H. Friedrich, 112 S., kart. ●

**rfolgreiche Bewerbungsbriefe und**
**ewerbungsformen**
**)138**-X) Von W. Manekeller, U. Schoenwald,
8 S., kart. ●

)as überzeugende
**orstellungsgespräch**
rfolgreiche Strategien für den ersten
indruck
**1261**-6) Von R. Ibelgaufts, 144 S., kart. ●●

**orstellungsgespräche**
cher und erfolgreich führen.
**)636**-5) Von H. Friedrich, 144 S., kart. ●

**instellungstests** und andere
lethoden der Bewerberauswahl
**1263**-2) Von Dr. R. Hilke, H. Hustedt,
60 S., 27 Zeichnungen, kart. ●●

**Keine Angst vor Einstellungstests**
in Ratgeber für Bewerber.
**)793**-6) Von Ch. Titze, 120 S., 67 Zeich-
ungen, kart. ●

reundin
**Kind und Beruf:**
**K)ein Problem**
**1322**-1) Von I. Weber, 168 S., 14 Zeich-
ungen, kart. ●●

reundin Ratgeber
**leu um Job:**
**o überzeugen Sie**
**1259**-4) Von G. Teusen, 160 S., kart. ●●

**ie ersten Tage am neuen Arbeitsplatz**
atschläge für den richtigen Umgang mit
ollegen und Vorgesetzten
**)855**-4) Von H. Friedrich, 104 S., kart. ●

**eugnisse im Beruf**
chtig schreiben, richtig verstehen
**)544**-X) Von H. Friedrich, 112 S., kart. ●

o lernt man leicht und schnell
**Maschinenschreiben**
ehrbuch für Schulen, Lehrgänge und Selbst-
nterricht. **(0568**-2) Von M. Kempkes, 112 S.,
8 Zeichnungen, kart. ●●

**ALKEN-Software**
**Maschinenschreiben und Tastatur-**
**raining für Computer**
**7009**-8) Von B. Hoppius, Diskette 5 1/4" u.
1/2" für IBM-PC + Kompatible, mit Begleit-
eit. ●●●●●*

**Buchführung leicht gemacht**
in methodischer Grundkurs mit der Selbst-
nterricht **(4238**-8) Von D. Machenheimer,
. Kersten, 252 S., Pappband. ●●●●

**Buchführung leicht gefaßt**
ür Handwerker, Gewerbetreibende und frei-
eruflich Tätige. **(0127**-4) Von R. Pohl, 104 S.,
art. ●

**tenografie leicht gelernt**
m Kurus oder Selbstunterricht
**)266**-1) Von H. Kaus, 64 S., kart. ●

**Gitarre spielen**
in Grundkurs für den Selbstunterricht
**)534**-2) Von A. Roßmann, 96 S., 1 Schall-
olie, 150 Zeichnungen, kart. ●●●

Faszinierendes Erlebnis
**Tierwelt**
**(4706**-1) Von U. und W. Dolder, 196 S.,
314 Farbzeichnungen, Pappband. ●●●●

Das große Buch der
**Antworten auf Kinderfragen**
**(4477**-1) Von H. Hofmann, U. Kopp, G. Janko-
vics u.a., 192 S., 308 Farbzeichnungen, Pappband. ●●●

Das neue, farbige
**Jugendlexikon**
**(4472**-0) Von J. Frey, D. Rex, 304 Seiten, 269
Farb- u. 52 s/w-Fotos, 6 Farbzeichn., Pappband. ●●●●

**Das große farbige Kinderlexikon**
**(4195**-0) Von U. Kopp, 320 S., 493 Farbabb.,
17 s/w-Fotos, Pappband. ●●●

**Briefmarken sammeln**
**(0481**-8) Von D. Stein, 120 S., 4 Farbtafeln,
98 s/w-Abbildungen, kartoniert. ●

**Umweltexperimente für Kinder und**
**Jugendliche**
**(4708**-8) Von F. Jantzen, ca. 80 S., ca. 100
farbige Fotos und Zeichnungen, Pappband.
●●●

**Telefonkarten sammeln**
Serien · Preise · Sammeltips
**(1326**-4) Von M. Burzan, 128 S., 251 Farbfotos, kart. ●●

**Münzen**
Ein Brevier für Sammler.
**(0353**-6) Von E. Dehnke, 128 S., 4 Farbtafeln,
17 s/w-Abb., kart. ●●

Die Handschrift als Spiegel des Charakters
**Graphologie**
**(1025**-7) Von Dr. W. Busch, 104 S., 87 Schrift-
proben, kartoniert. ●

**Familienforschung · Ahnentafel ·**
**Wappenkunde**
Wege zur eigenen Familienchronik
**(0744**-2) Von P. Bahn, 128 S., 8 Farbtafeln,
30 Abbildungen, kart. ●●

**Familienforschung und Wappenkunde**
**(4485**-2) Von P. Bahn, 224 S., 114 zweifarbige Abbildungen, Pappband. ●●●●●

freundin Ratgeber
**Allein auf Achse**
**(1260**-8) Von H. Guilino, 176 S., kart. ●●

**Brain Building**
Das Supertraining für Gedächtnis, Logik,
Kreativität
**(4704**-5) Von M. vos Savant, 256 S., Pappband. ●●●

**Traumdeutung**
Die Bildersprache unserer Traumwelt
entschlüsseln
**(4486**-0) Von G. Fink, 384 S., 74 zweifarbige
Fotos, Pappband. ●●●●

**Wahrsagen**
mit den Karten der Madame Lenormand
**(1328**-0) Von B. A. Mertz, 108 S., 39 s/w-
Abbildungen, kart. ●●

**Wahrsagen mit Tarot-Karten**
**(0482**-6) Von E. J. Nigg, 112 S., 52 s/w-Abb.,
Pappband. ●

Die 12 Tierzeichen
**Chinesisches Horoskop**
**(0423**-0) Von G. Haddenbach, 88 S., kartoniert. ●

**Partnerschaftshoroskop**
Glück und Harmonie mit Ihrem Traumpartner.
**(0587**-3) Von G. Haddenbach, 112 S.,
11 Zeichnungen, kart. ●

**Im Zeichen der Sterne**
**(0951**-8) Der feurige Widder
**(0952**-6) Der willensstarke Stier
**(0953**-4) Die vielseitigen Zwillinge
**(0954**-2) Der einfühlige Krebs
**(0955**-0) Der königliche Löwe
**(0956**-9) Die zuverlässige Jungfrau
**(0957**-7) Die charmante Waage

**(0958**-5) Der leidenschaftliche Skorpion
**(0959**-3) Der temperamentvolle Schütze
**(0960**-7) Der treue Steinbock
**(0961**-5) Der selbstbewußte Wassermann
**(0962**-3) Die romantischen Fische
Von G. Haddenbach, 64 S., 35 Farbfotos,
Pappband. ●

# Spiele und Denksport

**Spielbare Witze für Kinder**
**(0824**-4) Von H. Schmalenbach, 112 S.,
30 Zeichnungen, kart. ●

**Neue spielbare Witze für Kinder**
**(1173**-3) Von H. Schmalenbach, 96 S.,
31 Zeichnungen, kart. ●

**Scherzfragen, Drudel und Blödeleien**
gesammelt von Kindern.
**(0506**-7) Hrsg. von W. Pröve, 80 S., 57 Zeichnungen, kart. ●

**Kinderspiele**
die Spaß machen
**(2009**-0) Von H. Müller-Stein, 104 S.,
28 Abbildungen, kart. ●

**Kinderspiele mit Buchstaben und**
**Wörtern**
**(1041**-9) Von Dr. U. Vohland, 96 S., 54 Zeichnungen, kartoniert. ●

**Spiel und Spaß am Krankenbett**
für Kinder und die ganze Familie
**(2035**-X) Von H. Bücken, 96 S., 97 Zeichnungen, kart. ●

**Spiele im Freien**
**(2038**-4) Von G. Wagner, 88 S., 20 zweif.
Zeichnungen, kartoniert. ●

**Spiel und Spaß zu Hause**
**(2039**-2) Von U. Geißler, 80 S., 90 zweifarbige Abbildungen, kart. ●

**Spiel und Spaß auf Reisen**
Für Kinder und die ganze Familie
**(1085**-0) Von U. Geißler, 80 S., 107 zweifarbige Zeichnungen, kart. ●

**Kleine Spiele ganz groß**
**(1330**-2) Von U. Vohland, 80 S.,
93 s/w-Zeichnungen, kart. ●

**Guten Tag, Kinder!**
Neue Texte mit Spielanleitungen fürs
Kasperletheater.
**(0861**-9) Von U. Lietz, 96 S., 18 s/w-Zeich-
nungen, kart. ●

**Kasperletheater**
Spieltexte und Spielanleitungen · Basteltips
für Theater und Puppen.
**(0641**-1) Von U. Lietz, 114 S., 4 Farbtafeln,
12 s/w-Fotos, 39 Zeichnungen, kart. ●

**Kindergeburtstage, die keiner vergißt**
Planung, Gestaltung, Spielvorschläge.
**(0698**-5) Von G. und G. Zimmermann, 104 S.,
80 Vignetten, kart. ●

**Kindergeburtstag**
Vorbereitung, Spiel und Spaß.
**(0287**-4) Von Dr. I. Obrig, 136 S., 40 Abb., 11
Zeichnungen, 9 Lieder mit Noten, kart. ●●

**Unvergeßliche Kindergeburtstage**
**(4705**-3) Von G. Hennekemper, 176 S., 116
Farbfotos, 134 Farbzeichnungen, Pappband.
●●●

**Unvergeßliche Kinderfeste**
Tolle Dekorationen, Spiele, Sketche für
drinnen und draußen
**(4457**-7) Von Dr. G. Hennekemper, 192 S.,
111 Farbfotos, 214 Farb- und 14 s/w-Zeich-
nungen, 4 Seiten Schnittmuster, Pappband.
●●●

**Lauter tolle Sachen, die Kinder gerne**
**machen**
**(4731**-2) Hrsg. U. Barff., ca. 352 S., zahlreiche
Farbabbildungen, Pappband. ●●●

**Neues Buch der siebzehn und vier Kartenspiele**
(**0095**-2) Von K. Lichtwitz, 96 S., kart. ●

**Alles über Pokern**
Regeln und Tricks.
(**2024**-4) Von C. D. Grupp, 112 S., 29 Karten-bilder, kart. ●

**Rommé und Canasta**
in allen Variationen.
(**2025**-1) Von C. D. Grupp, 88 S., 24 Zeich-nungen, kart. ●

**Doppelkopf, Schafkopf**, Binokel, Cego, Tarock und andere Stammtischspiele.
(**2015**-5) Von C. D. Grupp, 112 S., kart. ●

**Black Jack**
Regeln und Strategien des Kasinospiels.
(**2032**-3) Von K. Kelbratowski, 88 S., kart. ●

**Spielend Skat lernen**
unter freundlicher Mitarbeit des Deutschen Skatverbandes
(**2005**-8) Von Th. Krüger, 120 S., 181 s/w-Fotos, 22 Zeichn., kart. ●●

**Patiencen**
in Wort und Bild. (**2003**-1) Von I. Wolter-Rosendorf, 120 S., kart. ●

**Neue Patiencen**
(**2036**-8) Von H. Sosna, 160 S., 43 Farbtafeln, kart. ●●

**Spielend Bridge lernen**
(**2012**-0) Von J. Weiss, 96 S., 58 Zeichnungen, kart. ●

**Spieltechnik im Bridge**
(**2004**-X) Von V. Mollo und N. Gardener, deutsche Adaption von D. Schröder, 152 S., kart. ●●●

**Neue Kartentricks**
(**2027**-9) Von K. Pankow, 104 S., 20 Abb., kart. ●

**Das japanische Brettspiel Go**
(**2020**-1) Von W. Dörholt, 104 S., 182 Dia-gramme, kart. ●

**Mah-Jongg**
Das chinesische Glücks-, Kombinations- und Gesellschaftsspiel. (**2030**-9) Von U. Eschen-bach, 80 S., 30 s/w-Fotos, 5 Zeichn., kart. ●

**Backgammon**
für Anfänger und Könner. (**2008**-2) Von G. W. Fink und G. Fuchs, 104 S., 41 Abb., kart. ●

**Einführung in das Schachspiel**
(**0104**-5) Von W. Wollenschläger und K. Col-ditz, 112 S., 116 Diagramme, kart. ●

**Schach, das königliche Spiel**
Von den Grundzügen zum strategischen Spiel.
(**1105**-9) Von T. Schuster, 192 S., 302 Dia-gramme, kart. ●●

**Spielend Schach lernen**
(**2002**-3) Von T. Schuster, 96 S., , kartoniert. ●

**Kinder- und Jugendschach**
Offizielles Lehrbuch des Deutschen Schach-bundes zur Errringung der Bauern-, Turm- und Königsdiplome.
(**0561**-X) Von B. J. Withuis, H. Pfleger, 144 S., 220 Zeichnungen und Diagramme, kart. ●●

**Zug um Zug**
**Schach für jedermann 1**
Offizielles Lehrbuch des Deutschen Schach-bundes zur Errringung des Bauerndiploms.
(**0648**-9) Von H. Pfleger, E. Kurz, 80 S., 24 s/w-Fotos, 8 Zeichn., 60 Diagramme, kart. ●

**Zug um Zug**
**Schach für jedermann 2**
Offizielles Lehrbuch des Deutschen Schach-bundes zur Errringung des Turmdiploms.
(**0659**-4) Von H. Pfleger, E. Kurz, 128 S., 7 s/w-Fotos, 13 Zeichnungen, 78 Diagramme, kart. ●

**Zug um Zug**
**Schach für jedermann 3**
Offizielles Lehrbuch des Deutschen Schach-bundes zur Errringung des Königsdiploms.
(**0728**-0) Von H. Pfleger, G. Treppner, 128 S., 4 s/w-Fotos, 84 Diagramme, 10 Zeichnungen, kart. ●

**Schach für Fortgeschrittene**
Taktik und Probleme des Schachspiels
(**0219**-X) Von R. Teschner, 88 S., 85 Dia-gramme, kart. ●

**Neue Schacheröffnungen**
(**0478**-8) Von T. Schuster, 104 S., 100 Dia-gramme, kart. ●

**Würfelspiele**
für jung und alt. (**2007**-4) Von F. Pruss, 112 S., 21 s/w-Zeichnungen, kart. ●

**Roulette richtig gespielt**
Systemspiele, die Vermögen brachten.
(**0121**-5) Von M. Jung, 96 S., zahlreiche Tabellen, kart. ●

**Spiele für Party und Familie**
(**2014**-7) Von Rudi Carrell, 80 S., 22 Zeich-nungen, kart. ●

**Neue Spiele für Ihre Party**
(**2022**-8) Von G. Blechner, 120 S., 54 Zeich-nungen, kartoniert. ●

**Lustige Tanzspiele und Scherztänze**
für Partys und Feste.
(**0165**-7) Von E. Bäulke, 80 S., 53 Abb., kart. ●

**Das Spiel mit der Schwerkraft**
**Jonglieren**
Mit Bällen, Keulen, Ringen und Diabolo.
(**1009**-5) Von S. Peter, 80 S., 149 Farbfotos, kartoniert. ●

**Zaubern**
einfach – aber verblüffend.
(**2018**-X) Von D. Bouch, 84 S., 41 Zeich-nungen, kart. ●

**Tips, Tricks und Gewinnstrategien für Game-Boy-Spiele**
(**1235**-7) Von René Zey, 176 S., 100 Zeich-nungen, kart. ●●

**Neue Game-Boy-Spiele**
Sport, Action und Abenteuer
(**1325**-6) Von R. Zey, 176 S., 21 s/w-Zeich-nungen, kart. ●●

**Alles über Super-Nintendo-Spiele**
Technik, Tips und Facts
(**1340**-X) Von D. Mark, 104 S., zahlreiche Farbabbildungen, kart. ●●

**Das neue Glücksrad Rätselbuch**
(**1329**-9) 176 S., kart. ●●

**Rätselspiele**
Quiz- und Scherzfragen für gesellige Stunden
(**1270**-5) Von K. H. Schneider, ca. 80 S., ca. 80 s/w-Abb., kart. ●●

**Knobeleien und Denksport**
(**2019**-8) Von K. Rechberger, 142 S., 105 Zeichnungen, kart. ●

**So feiert man Feste fröhlicher**
Heitere Vorträge und Gedichte
(**0098**-7) Von Dr. Allos, 96 S., 15 Abb., kart. ●

**Die große Lachparade**
Neue Texte für heitere Vorträge und Ansagen
(**0188**-6) Von E. Müller, 80 S., kart. ●

**Da lacht das Publikum**
Neue lustige Vorträge für viele Gelegen-heiten.
(**0716**-7) Von H. Schmalenbach, 96 S., kart. ●

**Die besten Witze und Cartoons des Jahres 10**
(**1206**-3) Zusammengestellt von S. Kieslich, 288 S., zahlreiche Abb., Pappband. ●●

# Computerbücher und Software

**Das neue FALKEN**
**Computerlexikon**
(**4356**-2) Von Dr. B. Kopp, 336 S., 121 s/w-Fotos, 184 Computergrafiken, Pappband.
●●●●

**freundin**
**Das Computerbuch für Frauen**
(**4372**-4) Von M. Thiel, 176 S., 102 Farbfotos, 73 Zeichnungen, kart. ●●

**Desktop Publishing: Typografie und Layout** Seiten gestalten am PC · für Einstei-ger und Profis (**4330**-9) Von Dr. H. D. Baum-ann, M. Klein, 320 S., zahlreiche zweifarbige Abb., Pappband. ●●●●

**Einführung in C**
(**4336**-8) Von A. Janka, P. Welzig, 270 S., zahl-reiche Abbildungen, mit Begleitdiskette 5 1/4", Pappband. ●●●●●

**PC HELP!**
**Systemkonfiguration für Windows-PCs**
(**4371**-6) Von A. Görgens, ca. 96 S., durch-gehend zweifarbig, kart. ●●

**PC HELP!**
**Wissenschaftliche Texte mit Word 5.5**
(**4360**-0) Von P. Vogel, ca. 96 S., durch-gehend zweifarbig, kart. ●●

**PC HELP!**
**Praktische Computerbenutzung mit Works 2.0**
(**4369**-4) Von A. Görgens, ca. 96 S., durch-gehend zweifarbig, kart. ●●

**PC HELP!**
**DFÜ mit dem PC**
(**4370**-8) Von M. Hofmann, ca. 96 S., durch-gehend zweifarbig, kart. ●●

**PC HELP!**
**Zeichnen mit dem PC**
(**4361**-9) Von M. Hofmann, ca. 96 S., durch-gehend zweifarbig, kart. ●●

**PC HELP!**
**Präsentation mit dem PC**
(**4368**-6) Von M. Hofmann, ca. 96 S., durch-gehend zweifarbig, kart. ●●

**PC HELP!**
CONFIG. SYS. und AUTOEXEC. BAT
**Optimale Systemkonfiguration**
(**4338**-4) Von A. Görgens, 64 S., ca. 50 s/w-Abbildungen und Grafiken, kart. ●●

**PC HELP!**
**DOS-Kommandos richtig nutzen**
(**4339**-2) Von A. Görgens, 64 S., ca. 50 s/w-Abbildungen und Grafiken, kart. ●●

**PC HELP!**
**Dateien retten mit Norton Utilities und PC-Tools**
(**4340**-6) Von A. Görgens, 64 S., ca. 50 s/w-Abbildungen und Grafiken, kart. ●●

**PC HELP!**
**Batch-Dateien – DOS-Abläufe selber fest-legen**
(**4341**-4) Von A. Görgens, 64 S., ca. 50 s/w-Abbildungen und Grafiken, kart. ●●

**PC HELP!**
**Word – Serienbriefe**
(**4342**-2) Von P. Vogel, 64 S., ca. 50 s/w-Abbildungen und Grafiken, kart. ●●

**PC HELP!**
**Geschäftsgrafiken mit Lotus 1-2-3**
(**4343**-0) Von P. Vogel, 64 S., ca. 50 s/w-Abbildungen und Grafiken, kart. ●●

PC HELP!
**Die ersten Schritte mit dem PC**
(4344-9) Von P. Vogel, H. Ebsen, 64 S., ca. 50 sw-Abbildungen und Grafiken, kart. ●●

PC HELP!
**Mehr Speicher unter DOS nutzen**
(4345-7) Von K. O. Kuhl, 64 S., ca. 50 sw-Abbildungen und Grafiken, kart. ●●

PC HELP!
**Viren erkennen und beseitigen**
(4346-5) Von M. Hofmann, 64 S., ca. 50 sw-Abbildungen und Grafiken, kart. ●●

PC HELP!
**dBASE-Relationen richtig nutzen**
(4347-3) Von M. Hofmann, 64 S., ca. 50 sw-Abbildungen und Grafiken, kart. ●●

PC HELP!
**Termine steuern mit FRAMEWORK III**
(4348-1) Von M. Hofmann, 64 S., ca. 50 sw-Abbildungen und Grafiken, kart. ●●

PC HELP!
**Listendruck mit dBASE und kompatiblen Programmen**
(4349-X) Von M. Hofmann, 64 S., ca. 50 sw-Abbildungen und Grafiken, kart. ●●

**Das kleine DTP-Lexikon**
(4373-2) Ca. 96 S., durchgehend zweifarbig, kart. ●●

**Gestalten mit Ventura Publisher**
(4374-0) Ca. 96 S., durchgehend zweifarbig, kart. ●●

**Gestalten mit Pagemaker für Windows**
(4375-9) Von M. Hofmann, R. Titius, ca. 96 S., durchgehend zweifarbig, kart. ●●

**Präsentationsprogramme richtig nutzen**
(4376-7) Von M. Hofmann, ca. 96 S., durchgehend zweifarbig, kart. ●●

**Works für Windows**
(4377-5) Von J. Wortelker, ca. 96 S., durchgehend zweifarbig, kart. ●●

**Datenaustausch 1**
(4378-3) Von M. Hofmann, ca. 96 S., durchgehend zweifarbig, kart. ●●

**Datenaustausch 2**
(4379-1) Von M. Hofmann, ca. 96 S., durchgehend zweifarbig, kart. ●●

FALKEN Software
**Einstellungstest**
Die optimale Vorbereitung für Bewerber
(7013-6) Wendediskette für C 64/C 128 PC, mit Begleitheft. ●●●●*

FALKEN Software
**Schnell und sicher zum Führerschein**
Intensivtraining mit dem amtlichen Fragenkatalog (7024-i) für Atari ST 520/1040, mit Begleitheft. ●●●●*

FALKEN Software
**Maschinenschreiben und Tastaturtraining für Comuter**
(7009-8) Von B. Hoppius, Diskette 5 1/4" u. 3 1/2" für IBM-PC + Kompatible, mit Begleitheft. ●●●●●*

FALKEN Software
**Musterkorrespondenz in Deutsch, Englisch, Französisch, Italienisch, Spanisch**
(7041-1) Diskette 5 1/4" für IBM-PC + Kompatible, mit Begleitbroschüre. ●●●●●*
(7051-9) Diskette 3 1/2" für IBM-PC + Kompatible, mit Begleitbroschüre. ●●●●●*

FALKEN Software
**Wirtschaftsrechnen in Beruf und Alltag.**
(7037-3) Diskette für IBM-PC + Kompatible, mit Begleitheft. ●●●●●*

FALKEN Software
**Vokabeltrainer Englisch**
Über 2000 Vokabeln und Redewendungen
(7001-2) Disk. für C 64/C 128 PC, mit Begleitheft. ●●●●●*
(7007-1) Disk. für Atari ST 520/1040, mit Begleitheft. ●●●●●*

FALKEN Software
**Take a Trip to Britain**
Spielend Englisch lernen mit dem Computer
(7004-7) Diskette für C 64/C 128 PC, mit Begleitheft. ●●●●*
(7039-X) Diskette 5 1/4" für IBM-PC + Kompatible, mit Begleitheft. ●●●●●*

FALKEN Software
**The Grammar Master**
(7002-0) Diskette für C 64/C 128 PC, mit Begleitheft. ●●●●●*
(7030-6) für IBM-PC + Kompatible, mit Begleitheft. ●●●●●*
(7031-4) für Atari ST 520/1040, mit Begleitheft. ●●●●●*
(7032-2) für Amiga, mit Begleitheft.
●●●●●*

FALKEN Software
**From Coast to Coast**
Travelling through the USA
(7040-3) Diskette 5 1/4" für IBM-PC + Kompatible, mit Begleitbroschüre ●●●●●*
(7061-6) Diskette 3 1/2" für IBM-PC + Kompatible, mit Begleitbroschüre. ●●●●●*

FALKEN Software
**Je finis, tu finis ... maîtrise la grammaire française**
Französische Grammatik lernen und beherrschen
(7053-5) Diskette 5 1/4" für IBM-PC + Kompatible, mit Begleitheft. ●●●●●*
(7069-1) Diskette 3 1/2" für IBM-PC + Kompatible, mit Begleitheft. ●●●●●*

FALKEN Software
**Le monde des affaires en français**
Wirtschaftsfranzösisch leicht gelernt
(7054-3) Diskette 5 1/4" für IBM-PC + Kompatible, mit Begleitheft. ●●●●●*
(7068-3) Diskette 3 1/2" für IBM-PC + Kompatible, mit Begleitheft. ●●●●●*

FALKEN Software
**Vokabeltrainer Italienisch**
Über 2000 Vokabeln und Redewendungen frei erweiterbar.
(7065-9) Diskette 5 1/4" für IBM-PC + Kompatible, mit Begleitheft. ●●●●●*
(7064-0) Diskette 3 1/2" für IBM-PC + Kompatible, mit Begleitheft. ●●●●●*

FALKEN Software
**Vokabeltrainer Latein**
Über 2000 Vokabeln und Redewendungen frei erweiterbar
(7022-5) Von B. Hoppius, 2 Wendedisketten für C 64/C 128 PC, mit Begleitheft.
(7033-0) Diskette für IBM-PC + Kompatible, mit Begleitbroschüre. ●●●●●*

FALKEN Software
**Börsenfieber**
Spielend spekulieren mit Geld und Aktien
(7016-0) für IBM-PC + Kompatible, Diskette 5 1/4", mit Begleitheft. ●●●●●*
(7026-8) für C 64/C 128 PC mit Begleitheft
(7027-6) für Atari ST 520/1040, mit Begleitheft. ●●●●●*
(7028-4) für Amiga, mit Begleitheft.
●●●●●*
(7044-6) für IBM-PC + Kompatible, Diskette 3 1/2", mit Begleitheft. ●●●●●*
(7038-1) für C 64/128 C Kassette, mit Begleitheft. ●●●●*

FALKEN Software
**Broker King**
Cash und crash an der Terminbörse
(7057-8) Diskette 5 1/4" für IBM-PC + Kompatible, mit Begleitbroschüre. ●●●●*

(7058-6) Diskette 3 1/2" für IBM-PC + Kompatible, mit Begleitbroschüre. ●●●●●*

## Video

**Hobby Aquarellmalen**
Landschaft und Stilleben
(6022-X) VHS, 40 Min., in Farbe, mit Begleitheft. ●●●●*

**Hobby Ölmalerei**
Landschaft und Stilleben
(6025-4) VHS, 40 Min., in Farbe, mit Begleitheft. ●●●●*

**Basteln mit Kindern**
(6041-6) VHS, 60 Min., in Farbe, mit Vorlagen in Originalgröße, mit Begleitheft. ●●●*

**Die Modelleisenbahn**
Anlagenbau in Modultechnik
(6028-9) VHS, 30 Min., in Farbe. ●●●●*

**Golf**
(6053-X) VHS, 60 Min., in Farbe, mit Begleitheft. ●●●●●*

**Reiten**
(6097-1) VHS, ca. 60 Min., in Farbe, mit Begleitbroschüre. ●●●●*

**Skigymnastik perfekt**
(6052-1) VHS, ca. 60 Min., in Farbe, mit Begleitbroschüre. ●●●●●*

**Pflanzenjournal**
Blumen- und Pflanzenpflege im Jahreslauf
(6036-X) VHS, 30 Min., mit Begleitheft.
●●●●

**Schnitt und Pflege**
von Bäumen und Sträuchern
(6050-5) VHS, 45 Min., in Farbe, mit Begleitheft. ●●●●

Erfolgreiche Streßbewältigung
**Autogenes Training**
Video 1: Einführung und Kurs
Video 2: Übungen
(6132-3) VHS, jeweils ca. 60 Minuten, in Farbe. ●●●●●*

**Aktfotografie**
Gestaltung/Technik/Spezialeffekte
Interpretationen zu einem unerschöpflichen Thema
(6001-7) VHS, 60 Min., in Farbe, mit Begleitheft. ●●●●●*

**Videografieren**
Technik/Bildgestaltung/Schnitt/Vertonung, Filmen mit Video 8 (6031-6) VHS, 60 Min., in Farbe, mit Begleitheft. ●●●●●*

**Videografieren perfekt**
Profitricks für Aufnahmetechnik und Nachbearbeitung
(6042-4) VHS, (6044-4) Video 8, 60 Min., in Farbe, mit Begleitheft. ●●●●●*

Streicheleinheiten für Körper und Seele
**Partnermassage**
(6051-3) VHS, 45 Min., in Farbe, mit Begleitheft. ●●●●●*

**Tele Partner Massage**
Zärtliche Entspannung zu zweit
(6131-5) VHS, ca. 60 Minuten, in Farbe.
●●●●

**Sinnliche Stunden**
(6099-8) VHS, ca. 60 Min., in Farbe, mit Begleitheft. ●●●●●*

**Nie wieder rauchen**
(6100-5) VHS, ca. 45 Min., in Farbe, mit Begleitbroschüre. ●●●●

Reiseziel **New York**
Die schönsten Sehenswürdigkeiten, präzise Informationen, praktische Tips
(6048-3) VHS, 60 Min., in Farbe, mit Begleitheft. ●●●●●*